PRÉSENTATION

W0281499

Les entreprises diversifient leurs sources de financement mais les marchés financiers, dans leur fonction première de financement de l'économie, restent un rouage essentiel. Ce qui a toujours valu vaut plus encore depuis la crise sanitaire : la finance est la solution de financement des transitions actuelles : transition digitale, transition écologique, transition sociale et sociétale, transition sanitaire... La Bourse est utile aux entreprises, au point que des réflexions ont amené les bourses à s'ouvrir davantage aux petites et moyennes entreprises, elle est également utile pour financer les grands projets ; drainer l'épargne vers le financement des transitions évoquées présentement ; vers le financement des ***Objectifs de développement durable des Nations-Unies*** dans le cadre de l'Agenda 2030 devient urgent. Les marchés dérivés sont utiles pour des opérations de couverture, à condition toutefois d'encadrer les pratiques pour éviter les dérives. L'épargne disponible doit absolument être orientée vers des véhicules d'investissements permettant de construire ce qu'on appelle aujourd'hui le monde de demain, c'est-à-dire des investissements verts et inclusifs.

Dans cet ouvrage, nous nous efforçons de ***présenter les principales techniques utiles à l'investissement en Bourse***. Nous commençons par le rôle économique de la Bourse et son fonctionnement, pour présenter ensuite les produits négociés. C'est l'objet des chapitres 1 et 2 « Qu'est-ce que la Bourse ? » et « Que négocie-t-on en bourse ? ».

Pour investir sur les marchés financiers, il convient d'ouvrir un compte-titres pour ensuite passer des ordres sur les différents marchés de cotation d'Euronext. C'est l'objet du chapitre 3 « Comment négocie-t-on ? ». Ensuite ***l'investisseur doit choisir ses valeurs et gérer***, en connaissance de cause***, son portefeuille***. C'est l'objet des chapitres 4 et 5 « Comment choisir ses valeurs ? » et « Comment gérer un portefeuille ? ».

Pour autant, ***la Bourse n'est pas le seul marché de capitaux ; il existe à ses côtés le marché monétaire, les marchés dérivés et le marché des changes*** que nous présentons dans le chapitre 6 « Les autres marchés de capitaux » afin que le lecteur ait une vue globale des marchés de capitaux.

Puis le chapitre 7 « Que se passe-t-il après la Bourse ? » expose ***les mécanismes d'après Bourse que l'on appelle les procédures de règlement-livraison de titres***. Enfin, le dernier chapitre recense les principaux termes et techniques abordés dans l'ouvrage sous la forme d'***un glossaire***.

L'ouvrage se veut clair et pédagogique, ouvert aux étudiants ou à tout investisseur potentiel qui cherche à développer sa culture boursière.

11e édition

L'essentiel

de la

BOURSE ET DES MARCHÉS DE CAPITAUX

Catherine Karyotis

Gualino
un savoir-faire de Lextenso

LES CARRÉS

Cette collection de livres présente de manière synthétique, rigoureuse et pratique l'ensemble des connaissances que l'étudiant doit posséder sur le sujet traité. Elle couvre :

- le Droit et la Science Politique,
- les Sciences économiques,
- les Sciences de gestion,
- les concours de la Fonction publique.

Catherine Karyotis, docteur en sciences de gestion, habilitée à diriger des recherches, est Professeur de Finance à Neoma Business School. Elle est également co-directrice du Mastère spécialisé Analyse financière internationale et responsable académique de l'Executive Education. Elle est l'auteur de nombreux ouvrages et articles en finance.

Du même auteur, chez le même éditeur :

Collection « Les Carrés Rouge »

- L'essentiel de la Banque, 10e éd. 2023-2024.
- L'essentiel du Private Equity et des LBO, 7e éd. 2024 (en coll. C. Bouteiller).
- L'essentiel de la Bourse et des marchés de capitaux, 11e éd. 2024.

Hors collection

- Analyse financière internationale (sous la dir.), 2020.

DANGER
LE PHOTOCOPILLAGE TUE LE LIVRE

© 2023, Gualino, Lextenso
1, Parvis de La Défense
92044 Paris La Défense Cedex
EAN 9782297221979
ISSN 1288-8206
Collection Les Carrés Rouge

Suivez-nous sur www.gualino.fr
Contactez-nous gualino@lextenso.fr

PLAN DE COURS

PLAN DE COURS

Liste des abréviations

ADP	Action à dividende prioritaire
AGE	Assemblée générale extraordinaire
AGO	Assemblée générale ordinaire
AMF	Autorité des marchés financiers
APE	Appel public à l'épargne
ATS	*Automatic trading system*
BALO	Bulletin des annonces légales obligatoires
BNPA	Bénéfice net par action
BPA	Bénéfice par action
BTF	Bon du Trésor à taux fixe
CAC	Cotation assistée en continu
CAF	Capacité d'autofinancement
CSRD	*Corporate Sustainability Reporting Directive*
CRD	Commission de règlement différé
Div.	Dividende
DR	Délai de recouvrement
DS	Droit de souscription
EBE	Excédent brut d'exploitation
ECN	*Electronic communication network*
ELTIF	*European Long – Terme Investment Funds*
Eonia	*Euro overnight interest average*
ESG	Environnement, social et gouvernance
ETF	*Exchange traded funds*
Euribor	*Euro interbank offered rate*
ESMA	*European Securities and Markets Authority*
FCP	Fonds commun de placement
FCIMT	Fonds commun d'intervention sur les marchés à terme
Forex	*Foreign Exchange*
ICO	*Initial Coin Offering*
Isin	*International securities identification numbers*
ISR	Investissement socialement responsable
Mif (directive)	Directive sur les marchés financiers (Mifid : *Markets in financial instruments directive*)
MTF	*Multilateral trading facility*
Nyse	*New York Stock Exchange*

OAT	Obligation assimilable du Trésor
OBSA	Obligation à bon de souscription d'action
OCA	Obligation convertible en action
OCDE	Organisation de coopération et de développement économique
OCEANE	Obligation à option de conversion ou d'échange en actions nouvelles ou existantes
OPCVM	Organisme de placement collectif en valeurs mobilières
ORA	Obligation remboursable en action
Orane	Obligation remboursable en action nouvelle ou existante
PACTE (loi)	Plan d'action pour la croissance et la transformation des entreprises
PCF	*Price cash-flow*
PEA	Plan d'épargne en actions
PER	*Price earning ratio*
PIB	Produit intérieur brut
PME	Petite et moyenne entreprise
PNB	Produit national brut
Refi	Taux de refinancement
RoE	*Return on Equities*
RSE	Responsabilité sociale et sociétale des entreprises
RSI	*Relative strenght index*
Sicav	Société d'investissement à capital variable
SLB	*Sustainability Linked Bond*
SRD	Service à règlement différé
SFDR	*Sustainable Finance Disclosure Regulation*
TEC 10	Taux à échéance constante
TMO	Taux moyen des obligations
TSDI	Titre subordonné à durée indéterminée
TSR	Titre subordonné remboursable
TSS	Titre super-subordonné
TVA	Taxe sur la valeur ajoutée

Chapitre 1

Qu'est-ce que la Bourse ?

Une Bourse est un marché sur lequel se négocient des titres ou des valeurs mobilières. Les émetteurs y offrent ces titres que les investisseurs achètent ; ces derniers financent alors les agents économiques que sont les émetteurs.

1 Définition

La Bourse appartient au marché financier.

On appelle « marché financier », le marché des capitaux à long terme sur lequel se négocient des titres financiers, encore appelés valeurs mobilières.

On entend par « valeur mobilière » un ensemble de titres émis par une personne morale publique ou privée, conférant des droits identiques à leurs détenteurs ; ils peuvent donner accès (directement ou indirectement) à une quotité du capital de la personne morale émettrice ou à un droit de créance général sur son patrimoine.

Il existe trois types de valeurs mobilières :

- les actions ;
- les obligations ;
- les titres hybrides (valeurs à caractéristiques actions et obligations).

Le rôle macroéconomique de la Bourse s'étudie au travers de deux compartiments qui existent quelle que soit la place financière et quel que soit le marché de cotation : marché primaire et marché secondaire.

2 Le marché primaire

Le marché primaire est le marché des titres neufs, proposés pour la première fois en bourse, c'est-à-dire par appel public à l'épargne.

Une entreprise privée ou publique, industrielle, commerciale ou financière, ou un État, propose des titres : on l'appelle émetteur. Un particulier, une banque ou une entreprise achètent lesdits titres : on les appelle investisseurs.

Les émetteurs et les investisseurs se rencontrent sur un marché (dématérialisé) comme suit :

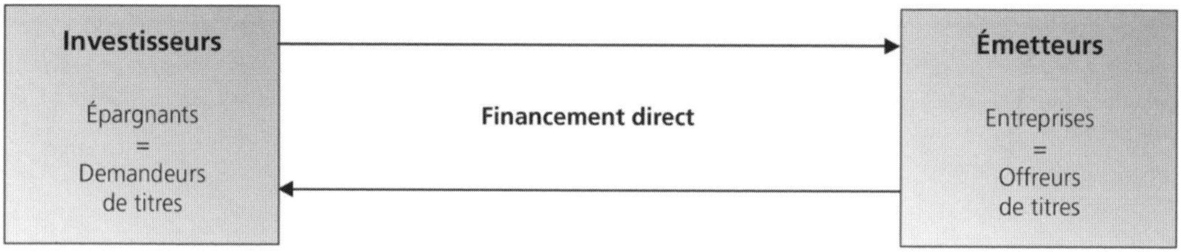

Lorsque l'émetteur propose pour la première fois ses titres par appel public à l'épargne, il cherche à obtenir un moyen de financement.

Les investisseurs qui achètent ces titres à l'émission (sur le marché primaire) apportent donc un financement direct aux émetteurs.

On parle de financement direct ou désintermédié lorsque les agents économiques se financent directement auprès des détenteurs de capitaux (épargnants, investisseurs) sans intermédiaire.

L'inverse est le financement indirect ou intermédié, c'est-à-dire passant par les banques.

Dans ce cas, les banques apportent un financement via un crédit.

Le marché primaire a lieu d'être lors des opérations suivantes :

– l'introduction en bourse ;
– les privatisations ;
– les augmentations de capital ;
– le lancement d'un emprunt obligataire.

Immédiatement après l'émission des valeurs mobilières « neuves », on passe sur le marché secondaire.

Focus sur la privatisation de la FdJ – Française des Jeux

L'État français a privatisé la FdJ en faisant passer sa participation de 72 % du capital à 20 %. Sur la part de capital mise sur le marché par appel public, 40,5 % ont été réservés aux particuliers et salariés.

L'offre a débuté le 21 novembre 2019.

La demande totale a atteint 11 milliards d'euros, dont 1,6 milliard émanant des particuliers (501 000 personnes).

Le 4 décembre, la FdJ a annoncé la clause de surallocation (tranche supplémentaire destinée aux investisseurs institutionnels) pour 11 350 028 actions existantes supplémentaires au prix de 19,90 € l'action, soit 225,87 millions d'euros.

Le prix pour les particuliers a été fixé à 19,50 €. Les ordres inférieurs à 2 000 € ont été intégralement servis, les autres ont été réduits au-delà de ce seuil.

Le 22 février 2021, la valeur cotait 37,54 € ; le 7 juillet 2023, elle cotait 34,90 €.

Focus sur la nationalisation d'EDF

L'État français a décidé de (re)nationaliser EDF. L'entreprise, créée en 1946 sous la forme d'EPIC (Établissement Public à caractère Industriel ou Commercial assurant la gestion d'une activité de service public), avait été privatisée en 2004 sous forme de SA puis introduite en bourse en 2005 (15 % du capital introduit au prix de 33 €).

18 ans plus tard, dans le contexte de la guerre en Ukraine et des tensions induites, mais également dans le cadre de l'obligatoire transition énergétique, l'État a décidé de racheter les 16 % du capital détenus par le public, afin d'assurer notamment le financement de 6 (voire 8) réacteurs. Il investit donc 9,7 milliards d'euros, le prix de rachat étant fixé à 12 € l'action (prime de 53 % par rapport au cours du 5 juillet 2022). En mai 2023, l'État détenait 98,04 % des droits de vote, le 8 juin 2023 EDF était détenue à hauteur de 100 % par l'État.

3 Le marché secondaire

Le marché secondaire est le marché des titres « d'occasion ». C'est le marché sur lequel s'échangent des titres antérieurement émis.

Le passage d'un compartiment à l'autre, du marché primaire ou marché secondaire, est instantané.

Lorsqu'une entreprise E s'introduit en bourse, un investisseur A achète pour 100 € une action (il apporte un moyen de financement à hauteur de 100 € à l'entreprise), quelques minutes après, il peut revendre son titre. Cette opération s'effectue sur le marché secondaire.

Le rôle du marché secondaire est d'assurer la liquidité et la mobilité de l'épargne.

Dans l'exemple susnommé (hors frais), l'investisseur A avait une somme de 100 € immobilisée dans une action d'une entreprise E, il décide de revendre cette action à 101 €, achetée par un investisseur B. En revendant cette action, il a rendu liquide son investissement pour acheter un bien de consommation de 101 €. En même temps, l'action de l'entreprise E est passée de chez A à chez B. Le marché secondaire a permis à l'investisseur A de rendre liquide son investissement, et l'épargne est mobile, elle a changé de main.

Notons toutefois que l'entreprise E n'a rien touché de l'échange entre les deux investisseurs A et B ; le seul moment où elle a obtenu un moyen de financement est celui du marché primaire.

Cependant, l'entreprise E a tout intérêt à ce que son titre s'échange considérablement sur le marché secondaire ; à défaut, elle risque, dans le futur, d'avoir des difficultés pour solliciter de nouveaux investisseurs dans le cadre d'augmentations de capital à venir.

Globalement, une bourse se doit d'être liquide pour capter des investisseurs et des capitaux. La liquidité est une condition sine qua non de survie d'une bourse sur le plan international.

La liquidité est la caractéristique d'un marché où l'on peut effectuer des opérations d'achat et de vente sans provoquer de trop fortes variations de cours.

Le marché secondaire, appelé communément la Bourse, répond à la loi de l'offre et de la demande.

4 La loi de l'offre et de la demande

La loi de l'offre et de la demande met en relation l'offre et la demande en fonction du prix et de la quantité pour déterminer un prix donné et une quantité donnée. Le terme de cette loi a été utilisé par Alfred Marshall à la fin du XIXe siècle lorsqu'il l'a représentée graphiquement.

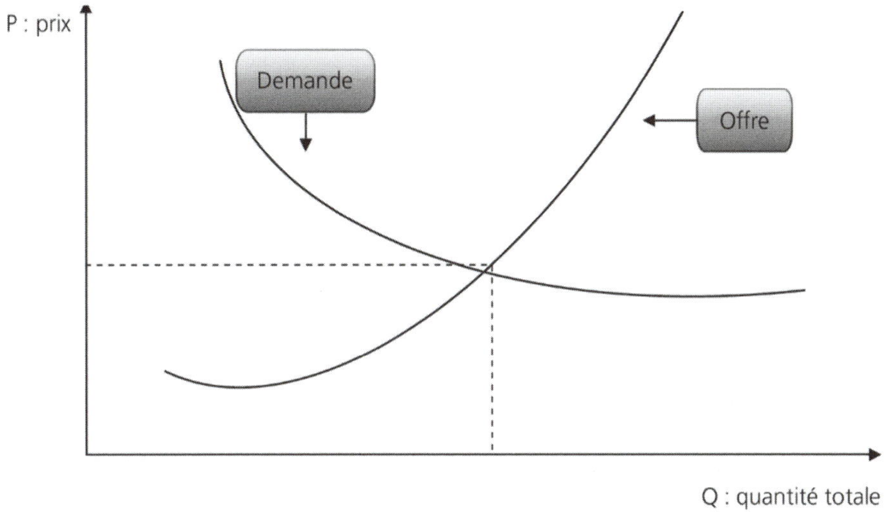

La courbe de demande décroît lorsque le prix augmente ; la courbe d'offre suit le mouvement inverse. Le point d'intersection des 2 courbes représente le prix et la quantité d'équilibre.

La Bourse est le lieu de rencontre entre une offre et une demande de titres.

Lorsqu'il y a confrontation des quantités offertes et des quantités demandées (donc des ordres de vente et des ordres d'achat), il y a ensuite établissement d'un cours d'équilibre (d'un prix) permettant de maximiser le nombre de titres à échanger.

Si la confrontation ne permet pas d'établir un prix d'équilibre, le prix s'ajustera à la hausse ou à la baisse pour déterminer ledit prix d'équilibre : si la quantité de l'offre (donc le nombre de titres à la vente) est trop importante par rapport à la demande (donc le nombre de titres à l'achat), le cours de bourse baisse (pour attirer des acheteurs potentiels), et inversement.

Cette confrontation a lieu en continu ou à heures fixes.

5 La cotation en continu et au *fixing*

La confrontation des ordres d'achat et de vente, donc la cotation, peut avoir lieu tout au long de la journée ou à heure fixe.

Dans le premier cas, cotation en continu, il y a confrontation des ordres au fur et à mesure de l'arrivée d'un nouvel ordre, donnant alors lieu à la fixation d'un nouveau cours de bourse.

La cotation en continu est utilisée pour les valeurs les plus liquides de la Bourse de Paris.

Dans le second cas, cotation au *fixing*, les cotations ont lieu à heure fixe. Les ordres d'achat et de vente s'accumulent dans les machines de cotation pour donner lieu à échange à l'heure H. Si un ordre arrive après ladite heure, il sera exécuté au fixing suivant.

6 Exemple de cotation

Soit une feuille de marché, pour une valeur X, se présentant à un instant t comme suit :

Cours		Cumul des quantités de titres à l'achat		Quantité de titres à la vente	Cours
49,10 €	100	100	...	...	49,10 €
49,00 €	150	250	450	100	49,00 €
48,90 €	90	340	350	60	48,90 €
48,80 €	110	450	290	90	48,80 €
48,70 €	120	570	200	120	48,70 €
48,60 €	100	670	80	80	48,60 €

Explication :

– le cumul des quantités à l'achat se construit en descendant le tableau car les limites à l'achat sont des valeurs plafonds :
  - il y a un (ou plusieurs) ordre(s) d'achat pour 100 titres dans la valeur donnée X, émanant d'investisseurs prêts à acheter cette valeur au prix maximal de 49,10 €,
  - il y a un (ou plusieurs) ordre(s) d'achat pour 150 titres dans la valeur donnée X, émanant d'investisseurs prêts à acheter cette valeur au prix maximal de 49,00 €.

Si le cours de bourse s'avérait être 49,00 €, les investisseurs ayant passé un ordre à 49,10 pourraient être servis car leur prix plafond est de 49,10 € ; leur économie (hors frais) serait alors de 10 centimes par rapport à leur limite ;

– le cumul des quantités à la vente se construit en remontant le tableau car les limites à la vente sont des valeurs planchers :
  - il y a un (ou plusieurs) ordre(s) de vente pour 80 titres dans la valeur donnée X, émanant d'investisseurs prêts à vendre cette valeur au prix minimal de 48,60 €,
  - il y a un (ou plusieurs) ordre(s) de vente pour 120 titres dans la valeur donnée X, émanant d'investisseurs prêts à vendre cette valeur au prix minimal de 48,70 €.

  Si le cours de bourse s'avérait être 48,70 €, les investisseurs ayant passé un ordre à 48,60 pourraient être servis car leur prix plafond est de 48,60 € ;

– le cours de bourse permettant de maximiser le nombre de titres à échanger ressort à 48,90 € ;

– les ordres d'achat suivants sont exécutés :
  - 100 titres au cours limite de 49,10 € (les investisseurs gagnent 20 centimes),
  - 150 titres au cours limite de 49,00 €,
  - 90 titres au cours limite de 48,90 € ;

– les ordres de vente suivants sont exécutés :
  - 80 titres au cours limite de 48,60 €,
  - 120 titres au cours limite de 48,70 €,
  - 90 titres au cours limite de 48,80 €,
  - 50 titres au cours limite de 48,90 €.

10 titres ne seront pas servis au cours de 48,90 €, car le total des quantités cumulées à l'achat est de 340 seulement, le dernier ordre arrivé sera non exécuté.

Après cet établissement de cours de l'action X à l'instant t, la feuille de marché devient :

Cours	Quantité de titres de l'achat		Cumul des quantités de titres à la vente	Quantité de titres à la vente	Cours
49,10 €	...	...	...	...	49,10 €
49,00 €	...	...	100	100	49,00 €
48,90 €	...	...	0	10	48,90 €
48,80 €	110	110	...	...	48,80 €
48,70 €	120	230	...	...	48,70 €
48,60 €	100	330	...	...	48,60 €

Tant qu'un nouvel ordre n'arrive pas, il n'y aura pas de nouveau cours établi.

Si un ordre arrive, il est introduit dans la feuille de marché pour être confronté aux ordres restants et peut donner lieu à un nouveau cours d'équilibre, comme dans l'exemple ci-dessous :

Cours	Quantité de titres de l'achat		Cumul des quantités de titres à la vente		Cours
49,10 €	...	...	...	...	49,10 €
49,00 €	30	30	100	100	49,00 €
48,90 €	...	30	0	10	48,90 €
48,80 €	110	110	...	...	48,80 €
48,70 €	120	230	...	...	48,70 €
48,60 €	100	330	...	...	48,60 €

Le nouveau cours d'équilibre s'établit à 49,00 € et 30 titres sont échangés. Et ainsi de suite, jusqu'à la fin de la journée boursière.

7 Une synthèse des deux principales fonctions et les autres rôles de la Bourse

Comme abordé ci-dessus, la Bourse permet, en premier lieu, de financer l'économie puis, en second lieu, d'assurer la mobilité et la liquidité de l'épargne.

À défaut d'un marché financier, les entreprises disposent de deux moyens de financement : faire appel aux associés pour augmenter leur capital et solliciter les banques pour obtenir des crédits.

La Bourse apporte donc une indépendance de financement aux émetteurs.

Lorsqu'une entreprise développe son activité, elle se doit de trouver de nouveaux moyens de financement. En s'introduisant en bourse, l'entreprise élargit sa base actionnariale, lui permettant ultérieurement de solliciter de nouveaux apporteurs de fonds propres quand elle décide d'augmenter son capital. En lançant un emprunt obligataire, elle acquiert une indépendance vis-à-vis du secteur bancaire. Dans les deux cas, elle n'est plus financée par une poignée d'agents économiques, mais par plusieurs millions d'investisseurs.

Mais au-delà du rôle de financement, la Bourse permet une mutation des structures de production et une valorisation des entreprises.

Lorsque les fondateurs d'une société souhaitent transmettre leur entreprise, la Bourse facilitera cette transmission. La continuité de l'activité sera assurée car la structure du capital restera inchangée.

La valorisation de l'entreprise s'effectue en bourse via la capitalisation boursière.

La capitalisation boursière est égale au produit du nombre d'actions par le cours unitaire de l'action. En additionnant toutes les capitalisations boursières des entreprises cotées sur une même place financière, on obtient la capitalisation de ladite place.

8 La bourse : rôle clé pour financer les transitions

Face aux transitions sociétales et au contexte géopolitique, l'État français a mis en place, lors de la crise sanitaire, un « Label Relance » pour orienter l'épargne vers les entreprises françaises, en octobre 2020, qui s'adresse aux fonds d'investissement (*source : www.economie.gouv.fr*).

Globalement, les conditions d'éligibilité requièrent que l'organisme de placement collectif investisse un minimum de son actif dans des fonds propres émis par des sociétés dont le siège social est implanté en France, et au minimum 10 % de ces mêmes fonds propres dans des TPE, PME ou ETI françaises, cotées ou non cotées. En outre, l'organisme doit « s'efforcer de participer significativement à au moins cinq opérations d'augmentation de capital ou d'introduction en bourse par an, etc. ». Enfin, l'organisme dûment labellisé doit se conformer à trois séries d'obligations relatives au degré de prise en compte de critères ESG : obligations quant à sa stratégie d'investissement et sa politique d'engagement actionnarial, obligations en termes de réalisation de « due diligences ESG » et de suivi des cibles ESG via des normes et indicateurs, obligations portant sur sa société de gestion. Il est également soumis à des conditions très strictes en termes de transparence et reporting.

De facto, ce label démontre bien que les marchés financiers constituent un des moyens de financement du fameux monde de demain : mi-2022, les fonds labellisés Relance totalisaient 24 Mds € d'actifs dont 18 Mds € directement investis dans les PME et ETI françaises. Le taux d'épargne en France a atteint des sommets inédits face aux périodes de confinement subies par les épargnants (20,23 % en 2020). En 2022, le taux d'épargne s'établit à 17,4 % et le taux d'épargne financière à 6,1 %.

Ladite épargne doit donc être mise à profit pour recapitaliser notre réseau d'entreprises nationales.

Chapitre 2

Que négocie-t-on en Bourse ?

Parmi les titres négociés sur les marchés financiers, on recense les actions, les obligations et les titres hybrides. Et il existe, par ailleurs, des instruments particuliers : les organismes de placement collectif, les trackers et les warrants.

1 Les actions

Une action est une valeur mobilière émise par une société de capitaux ; l'ensemble des actions représente le capital social de cette entreprise. L'actionnaire est propriétaire de l'entreprise.

Lors d'une création d'entreprise, les associés apportent des fonds pour la constitution de la société qu'on appelle le capital social. En échange, ils reçoivent des actions.

Lorsque cette dernière ouvre son capital à des apporteurs de fonds propres extérieurs, elle émet des actions par appel public à l'épargne. Les actions sont alors négociables en bourse et chaque actionnaire a des droits identiques aux autres :

- droit au dividende ;
- droit de vote ;
- droit à l'information ;
- droit de mener en responsabilité des actions contre les dirigeants sociaux ;
- droit au boni de liquidation ;
- droit de souscription ou d'attribution.

■ *Les droits des actionnaires*

a) Droit au dividende

Quand l'entreprise fait un bénéfice, celui-ci (après versement de l'impôt sur les sociétés) appartient aux actionnaires.

Ce bénéfice est réparti entre lesdits actionnaires sous la forme d'un dividende, le revenu de l'action.

Ce dividende n'est jamais identique d'une année sur l'autre et ce pour trois raisons :

- le bénéfice varie d'un exercice comptable à l'autre ;
- le bénéfice n'est pas assuré systématiquement (si l'entreprise enregistre une perte, aucun dividende ne peut être distribué) ;
- même si l'exercice est bénéficiaire, le bénéfice peut être mis en réserve pour des investissements à venir (la décision est prise en assemblée générale d'actionnaires).

En conséquence, l'action est une valeur mobilière à revenu variable.

b) Droit de vote

Un actionnaire, étant propriétaire de l'entreprise, dispose d'un droit de vote par action, à faire valoir lors des assemblées générales d'actionnaires.

On distingue les assemblées générales ordinaires (AGO) et les assemblées générales extraordinaires (AGE).

Les AGO ont lieu une fois par an dans les six mois qui suivent la clôture des comptes. Les actionnaires y délibèrent sur les comptes, le rapport des commissaires aux comptes (dans le cadre de la loi PACTE du 22 mai 2019, « les seuils à partir desquels les comptes d'une entreprise doivent faire l'objet d'un audit par un commissaire aux comptes sont relevés pour s'aligner sur les standards européens. La certification légale des comptes ne devient obligatoire que si l'entreprise dépasse deux des trois seuils suivants : 8 M€ de chiffre d'affaires, 4 M€ de bilan et 50 salariés. ») et les résolutions particulières telles l'émission d'obligations..., et déterminent le montant du bénéfice à distribuer, donc du dividende.

Les AGE ont lieu dès lors qu'il existe des décisions exceptionnelles à prendre, quand il faut modifier les statuts de l'entreprise ou lorsqu'il faut décider d'une augmentation de capital.

Dans la pratique, peu d'actionnaires individuels font valoir leur droit de vote. Pourtant, depuis 1988, le droit de vote est exerçable par correspondance et depuis 2011 par internet. Les actionnaires sont informés de la tenue des assemblées par l'émetteur directement ou par l'intermédiaire financier gérant leur compte-titres.

Enfin, notons qu'il existe des actions à droit de vote double pour certaines actions détenues depuis 2 ans et inscrites au nominatif.

c) Droit à l'information

Pour faire valoir leur droit de vote, les actionnaires doivent être informés sur les comptes de l'émetteur et sur les opérations exceptionnelles. Tout actionnaire dispose en direct de ce droit à l'information.

d) Droit de mener en responsabilité des actions contre les dirigeants sociaux

Si la gestion de la société s'avère préjudiciable pour les actionnaires, ces derniers peuvent poursuivre les gestionnaires et dirigeants de l'entreprise. Ce droit est de plus en plus utilisé, tout particulièrement aux États-Unis, et connu sous le terme de class action dans d'autres domaines et tout particulièrement dans celui de la consommation : aux USA, la class action permet à un groupe d'individus de réclamer réparation pour un dommage, quel qu'il soit. En France, l'action de groupe ne concerne que « la vente de biens ou fourniture de services » selon la loi sur la consommation adoptée par le Parlement le 12 février 2014.

e) Droit au boni de liquidation

Si l'émetteur fait faillite et est mis en liquidation, les actionnaires ont droit au remboursement de la valeur nominale des actions et au boni de liquidation. Mais ce remboursement n'a lieu qu'après remboursement des tiers (État, banques, obligataires...), le reste est ensuite réparti entre les actionnaires. Si ce montant est supérieur aux apports initiaux des actionnaires, donc à la valeur nominale, ils reçoivent un bonus de liquidation, sinon ils subissent un malus de liquidation.

f) Droit de souscription et d'attribution

En période de croissance (ou à la suite d'une perte importante), une entreprise peut être appelée à augmenter son capital.

On distingue :

- l'augmentation de capital par incorporation de réserves donnant lieu à détachement de droit d'attribution ;
- ***l'augmentation de capital en numéraire*** donnant lieu à détachement de droit de souscription.

L'augmentation de capital par incorporation de réserves est une augmentation de capital par distribution gratuite d'actions, car l'AGE a décidé de « remonter » les réserves au capital. Ces réserves proviennent des bénéfices non distribués des années antérieures. Cette opération équivaut à une modification comptable du bilan. Elle n'apporte aucun moyen de financement supplémentaire à l'entreprise.

L'augmentation de capital en numéraire requiert une souscription, elle apporte donc un moyen de financement supplémentaire à l'entreprise.

Enfin, il existe des augmentations de capital en nature et par consolidation de dettes (transformation d'une dette en capital à la demande de l'entreprise en difficulté de trésorerie et avec accord du créancier qui devient alors propriétaire).

Exemple d'augmentation de capital en numéraire avec détachement de droit de souscription

Soit une entreprise dotée d'un capital de 50 000 actions de valeur nominale de 100 €. L'AGE décide d'augmenter le capital de 10 000 actions nouvelles de valeur nominale de 100 €, au prix de souscription de 170 € (sachant que le cours de bourse des dernières séances est de 200 €).

Première étape : calcul de la valeur théorique du droit de souscription (DS)

Avant augmentation de capital, la capitalisation boursière de l'entreprise est de :

50 000 × 200 € = 10 000 000 €

Lors de l'augmentation de capital, il est mis sur le marché :

10 000 × 170 € = 1 700 000 €

Après augmentation de capital, la capitalisation boursière de l'entreprise est :

10 000 000 + 1 700 000 = 11 700 000 €, pour 50 000 + 10 000 = 60 000 actions

À l'instant t de la mise sur le marché des titres nouveaux, le cours de bourse est de 195 €.

Il y a donc baisse technique du cours lors des augmentations de capital.

La valeur théorique du droit de souscription est égale à la différence entre la valeur boursière avant augmentation de capital et la valeur boursière après augmentation de capital :

DS = 200 – 195 = 5 €

Deuxième étape : calcul de la parité

À chaque action ancienne est attaché un droit de souscription.

Il y a donc 50 000 DS permettant de souscrire à 10 000 actions nouvelles.

La parité est donc de 5 DS pour une action nouvelle (5 pour 1).

Troisième étape : le choix des actionnaires

Supposons 2 actionnaires A et B qui possèdent, avant augmentation de capital, 5 actions pour A et 1 action pour B. A décide de participer à l'opération, B renonce à son droit de souscription.

Leur situation se présente comme suit :

	« A » participe à l'augmentation	« B » ne participe pas à l'augmentation
Avant augmentation de capital : valorisation du portefeuille	5 actions Portefeuille : 5 × 200 = 1 000 €	1 action Portefeuille : 1 × 200 = 200 €
Lors de l'augmentation de capital	5 DS + règlement du prix de souscription 170 €	Néant
Après augmentation de capital	6 actions Portefeuille : 5 × 200 = 1 000 € 1 × 170 = 170 € 6 × 195 = 1 170 €	1 action Portefeuille : 1 × 195 = 195 € + vente DS à sa valeur théorique : 5 € Valeur du portefeuille : 195 + 5 = 200 €
Commentaires	En participant à l'opération, il n'a subi aucun préjudice. Sa situation est identique à celle observée sur le marché.	En ne participant pas à l'opération, il n'a subi aucun préjudice. Son patrimoine est inchangé en valeur, il a changé en composition.

Attention cependant à la notion de valeur théorique : le droit de souscription est une valeur mobilière, il est donc coté en bourse et répond à la loi de l'offre et de la demande. Si aucun actionnaire ne veut participer à l'augmentation de capital, le cours du droit va baisser.

Sa valeur plancher est de 0.

À l'inverse, puisque pour participer à l'opération, il faut disposer de droits, les non-actionnaires devront acquérir des droits pour participer ; face à un afflux de demande, le droit va s'apprécier en bourse.

Sa valeur plafond est telle que 5 DS + 1 × 170 < 200, soit 6 €, sans tenir compte des frais.

■ *Les différents types d'actions*

L'action dite ordinaire est l'action de numéraire dont le montant a été libéré en espèces ou émise par incorporation de réserve au capital.

Mais il existe également les actions à bons de souscription d'actions et les actions de préférence :

– ***l'action à bons de souscription d'actions*** est une action à laquelle est(sont) attaché(s) un (ou plusieurs) bon(s) permettant de souscrire à de nouvelles actions à des périodes et à des conditions connues d'avance ;
– ***l'action de préférence*** (créée par la loi du 24 juin 2004) peut être dotée ou non du droit de vote et peut être assortie d'un droit particulier de toute nature à titre temporaire ou permanent.

Aujourd'hui, cette action remplace définitivement l'action de priorité et l'action à dividende prioritaire.

Focus : L'action à droit de vote multiple

En décembre 2022, la Commission européenne a proposé une directive relative « aux structures avec actions à droit de vote multiple pour les entreprises qui demandent l'admission à la négociation de leurs actions sur un marché de croissance des PME ».

En parallèle, en 2022 également, Londres mettait en place les actions à droit de vote multiple pour accroitre l'attractivité de la Place qui cherche à séduire les entreprises qui souhaitent faire appel public à l'épargne sans perdre le contrôle. L'Italie a fait la même chose en avril 2023.

■ *Le cas particulier des actions spécifiques*

Dans l'esprit de défense des entreprises qualifiables de stratégiques pour la France, la loi PACTE a renforcé le dispositif des ***actions spécifiques*** ou « ***golden shares*** », déjà créées par une ordonnance de 2014.

Une action classique peut être transformée en action dite spécifique car assortie de droits particuliers permettant à l'État de contrer des cessions d'actifs stratégiques ou de s'opposer à l'entrée dans le capital de certains actionnaires ou encore de limiter la participation de ces actionnaires.

Les entreprises concernées sont celles qui relèvent du périmètre de l'APE – Agence des participations de l'État ou celles qui sont cotées en Bourse mais dont BPI France et ses filiales détiennent plus de 5 % du capital. L'État se réserve également le droit de réviser la pertinence du dispositif tous les 5 ans.

Le périmètre de l'APE s'étend dur quatre secteurs :

– énergie (ex. d'entreprises : Areva, EDF, Engie, Eramet...) ;
– industrie (Airbus, GIAT Industrie, Naval Group, Thalès...) ;
– services et finance (Arte France, BPIFrance, FDJ, La Poste, Orange, RadioFrance, France Télévision, Air France-KLM, ADP, RATP, SNCF...).

Focus : La loi PACTE

La loi du 22 mai 2019 n° 2019-486 dite loi PACTE (Plan d'Action pour la Croissance et la Transformation des Entreprises) a pour objet de simplifier la vie des entreprises, de la création à la liquidation, et tout particulièrement d'en faciliter le financement.

À cette fin, dix points clés sont à retenir (https://www.legaltalents.fr/les-10-points-cles-de-la-loi-pacte/) :

– simplifier les seuils applicables en créant un environnement juridique favorable au PME (les entreprises devront avoir dépassé les seuils de 11, 50 ou 250 salariés pendant 5 années consécutives avant de répondre des obligations sociales et financières associées auxdits seuils) ;

– supprimer le forfait social sur l'intéressement pour les entreprises de moins de 250 salariés et sur la participation pour les entreprises de moins de 50 salariés ;

– repenser la place de l'entreprise dans la société : le Code civil et le Code du commerce sont modifiés pour que les enjeux sociaux et environnementaux soient pris en compte dans la stratégie et le développement des entreprises ;

– créer une entreprise à moindre coût via un guichet unique pour supprimer le nombre d'interlocuteurs ;

– faciliter les rebonds des entrepreneurs en raccourcissant la procédure de liquidation judiciaire (les entreprises n'ayant qu'un seul salarié et ayant un chiffre d'affaires inférieur à 300 000 € bénéficient d'un délai de procédure de liquidation maximum de 6 à 9 mois) ;

– rapprocher la recherche publique de l'entreprise en simplifiant le parcours des chercheurs voulant participer à la vie des entreprises ;

– faciliter la transmission d'entreprise en rénovant le dispositif Dutreil et en encourageant la transmission aux salariés ;

– simplifier et assurer la portabilité des produits d'épargne retraite (possibilité de sortir en capital au moment de la retraite, possibilité de conserver un seul produit d'épargne retraite quel que soit le parcours professionnel) ;

– soutenir les PME à l'export (guichet unique en régions et plateforme numérique de solutions d'accompagnement à l'international) ;

– protéger les entreprises stratégiques en renforçant la procédure d'autorisation préalable d'investissements étrangers en France.

Enfin, l'article L. 210-10 du Code du commerce édicté par la loi PACTE permet aux entreprises de se doter d'une mission ; de la même manière, l'entreprise peut se doter d'une raison d'être conformément à l'article 1835 du Code civil et l'article 1833 alinéa 2 précise que l'entreprise doit être gérée conformément à son objet social qui prend désormais en compte les dimensions sociales et environnementales.

On notera que dans la suite de l'ouvrage, on mentionnera la loi PACTE au fur et à mesure des besoins.

Les certificats d'investissement et les parts sociales

Un certificat coopératif d'investissement ou d'associés est un titre de propriété coté en Bourse, émis par une société mutualiste ou coopérative. Il est sans droit de vote mais est rémunéré comme une action (pour un montant normalement plus élevé que celui dû au porteur de parts sociales).

On parle également de certificats mutualistes ou paritaires.

Une part sociale est un titre représentant une partie du capital d'une société n'ayant pas le statut d'une société par actions. Elle est non cessible en bourse et sa valeur est fixe. Sa rémunération prend la forme de paiement de dividendes.

Sous quelle forme sont transmises les informations boursières des actions ?

La séance du 24 août 202N donne les informations suivantes :

- Air Liquide (nom de la valeur, donc de l'entreprise émettrice) :
  FR0000120073 (code Isin, norme internationale permettant d'identifier la valeur, à spécifier dans le libellé d'un ordre) ;
- ouverture : 130,40 (cours de bourse en euros à 9 heures, heure d'ouverture d'Euronext Paris) ;
- + haut : 132,38 + bas : 130,60 (cours de bourse le plus haut et le plus bas en cours de journée boursière pour les valeurs cotant en continu) ;
- clôture : 131,00 (cours à 17 h 30, heure de fermeture d'Euronext Paris) ;
- cours sur les autres places ou bourses électroniques (cf. MIF § 6, chapitre 3) : Tradegate : 131,86 ; Londres (LSE – London Stock Exchange) : 132,12 ; Francfort (Xetra) : 132,06 ; Nasdaq : 130,20 ;
- BPA N-1 : 4,95 € (bénéfice par action, bénéfice après impôts de l'entreprise/nombre d'actions composant le capital) ;

- PER N-1 ou N : 22,93 (*Price Earning Ratio* : cours de bourse/bénéfice net par action. Ici, cela signifie que le cours capitalise 22,93 fois le dividende) ;
- DR : 8 (délai de recouvrement qui signifie que, compte tenu du cours et des dividendes, il faut 8 années pour récupérer son investissement ; le calcul prend en compte le PER, le taux de croissance attendu des bénéfices, et le taux d'intérêt des obligations à long terme) ;
- Div : 2,98 (montant du dividende versé ou estimé) ;
- rendement : 2,20 % ;
- volume : 122 819 (nombre de titres échangés au cours de la journée) ;
- nombre de titres : 506 998 510, soit 96,7 % du capital (nombre de titres cotés en bourse, appelé flottant).

2 Les obligations

Une obligation est un titre représentatif d'un emprunt émis sur les marchés financiers. L'obligataire est créancier de l'entreprise ; à ce titre, il dispose de deux droits (et deux seuls droits) : percevoir les intérêts et être remboursé.

En achetant des obligations, un investisseur recherche un rendement avec un risque limité.

■ *Les principales caractéristiques d'une obligation*

Toutes les caractéristiques d'une obligation sont clairement stipulées dans le prospectus d'émission visé par l'AMF – Autorité des marchés financiers.

Parmi celles-ci, on recense :

a) Le montant de l'émission

Le total de l'émission est donné en valeur et en nombre de titres valorisés à leur valeur nominale. La valeur nominale (valeur comptable) est la base de calcul des intérêts. On recense, en général, des valeurs nominales de 1, 100, 1 000 € ou 10 000 €.

b) Le prix d'émission

L'obligation peut être émise à sa valeur nominale, elle est alors dite émise au pair. Mais elle peut être émise en dessous ou au-dessus du pair (donnant une prime d'émission positive ou négative).

c) La période de souscription

Elle est de 3 semaines environ en moyenne.

d) La date de jouissance et la date de règlement

Date à partir de laquelle courent les intérêts et date à laquelle le compte espèce sera débité à hauteur du montant de la souscription.

Ces deux dates sont souvent confondues mais peuvent également être différentes (la date de règlement étant postérieure à la date de jouissance pour attirer les souscripteurs).

e) Le taux d'intérêt nominal et la périodicité

Le taux d'intérêt permet de calculer le revenu des titres.

On parle de taux d'intérêt nominal car appliqué à la valeur nominale du titre (quel que soit le prix d'achat de l'obligation sur le marché primaire ou secondaire).

Sa périodicité : si bien souvent les taux d'intérêt sont annuels, certaines obligations portent un intérêt semestriel ou trimestriel.

Le taux d'intérêt peut être fixe ou variable : les obligations à taux fixe versent un intérêt identique chaque année, jusqu'à la fin de la durée de vie de l'emprunt ; leur risque de taux est considérable (lorsque les taux d'intérêt augmentent, le cours des obligations diminue).

Les obligations à taux variable ont un intérêt qui dépend de l'évolution d'un indice de référence pendant une période définie dans le contrat d'émission.

Le taux est dit variable, ou post-déterminé, si le coupon n'est pas connu en t-1, mais seulement au fur et à mesure du passage du temps ou très peu de temps avant t. Le taux est dit révisable, ou prédéterminé, si le coupon est connu en t-1 et versé en t.

Parmi les ***taux de référence pour les obligations à taux variable***, on peut citer :

- ***€STER*** – *Euro Short Term Rate* : coût d'emprunt au jour le jour en euros non garanti par les banques, publié tous les jours à 8h à l'ouverture de Target2. L'€ster a remplacé l'Eonia depuis janvier 2022 ;
- ***Euribor*** (*Euro Interbank Offered Rate*) à 1, 3, ..., 12 mois : moyenne des taux pratiqués entre les 57 mêmes banques sur les durées concernées.
  Ces deux taux sont calculés par la Banque Centrale Européenne et diffusés par la Fédération bancaire de l'Union européenne.
  En 2021, compte tenu des scandales sur les déclarations des taux interbancaires, le LIBOR (*London Interbank Offered Rate*, équivalent de l'Euribor) a disparu au profit du ***SONIA*** – *Sterling Overnight Interbank Average Rate* à Londres et du ***SOFR*** – *Secured Overnight Financing Rate* à New York. Ces taux sont calculés à partir des transactions réelles opérées entre banques et non plus sur des déclarations de banques ;

– *TMO* : moyenne arithmétique des douze derniers taux moyens de rendement au règlement des emprunts garantis par l'État et assimilés, émis au cours du mois de référence ;
– *TEC 10* : taux de rendement actuariel d'une valeur du Trésor fictive dont la durée de vie serait égale à dix ans. Il est obtenu par interpolation linéaire entre les taux de rendement actuariels annuels des deux OAT qui encadrent au plus proche la maturité 10 ans théorique. Plus généralement, on parle de TECn, « n » allant de 1 à 30 ans.

La méthode de calcul (sur les données des 52 plus grands établissements de la zone euro) se base sur la moyenne des taux pratiqués sur 50 % des transactions, les 25 % les plus faibles et les 25 % plus élevés étant retirés du calcul.

Afin de minimiser le risque de manipulation ou conséquences d'une éventuelle crise de liquidité, la BCE se garde la possibilité de mettre en place des mesures exceptionnelles (si par exemple les ¾ du volume sont effectués par 5 banques seulement ou si le nombre de banques participantes n'est plus que de 20).

f) Le taux de rendement actuariel

Le taux de rendement actuariel permet de connaître le taux de rendement « réel » de l'obligation. Il repose sur l'actualisation des flux à venir.

Car une obligation équivaut à son prix d'acquisition auquel se rajoute une série de flux futurs connus.

Le taux actuariel brut est le taux qui égalise le prix de l'obligation et la valeur actuelle des flux à venir actualisés à ce taux (hors impôt). C'est donc le taux de rendement d'une somme investie dans ladite obligation en fonction de ses caractéristiques et en utilisant l'actualisation.

On parle le plus souvent de taux de rendement actuariel brut, c'est-à-dire ne tenant pas compte du prélèvement fiscal.

Exemple : approche du calcul actuariel dans le cadre de la gestion obligataire

L'actualisation est l'inverse de la capitalisation (qui, elle, repose sur la formule des intérêts composés).

Elle détermine la valeur de différents flux qui s'effectueront à des dates futures. Elle permet de comparer, à une date donnée, des flux reçus ou à recevoir à des dates différentes.

Soit un capital C placé n années à un taux d'intérêt i.

Au bout de 1 année, on a : $C \,.\, C_1 = C\,(1 + i)$

Au bout de 2 années, on a : $C \,.\, C_2 = C_1\,(1 + i) = C\,(1 + i)\,(1 + i) = C\,(1 + i)^2$

…

Au bout de n années, on a C . $C_n = C\ (1 + i)^n$

Si Cn est appelé X, on a :

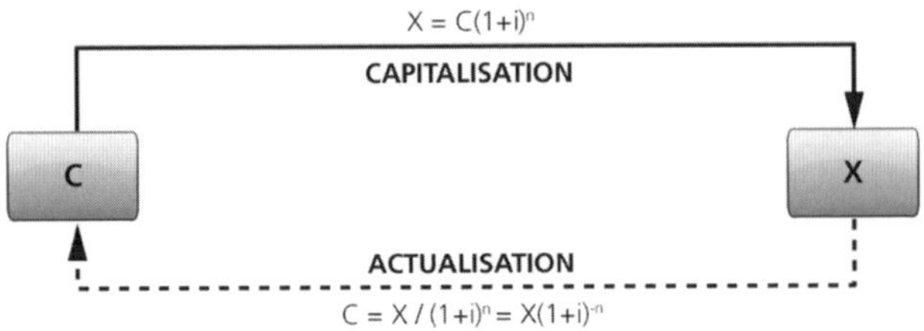

Soit une obligation de valeur nominale 100, remboursée au pair *in fine*, servant un taux d'intérêt annuel de 5 %.

Pour obtenir un taux actuariel de 7 %, quel doit être son prix d'émission ou son cours sur le marché secondaire ?

Quels sont les flux à venir de l'obligation ?

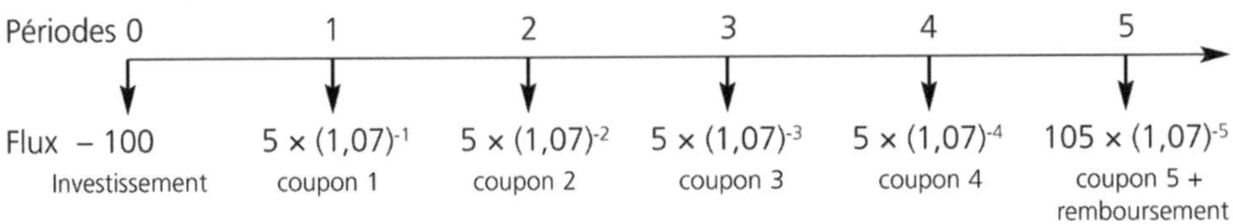

En additionnant ces flux, on obtient :

$5 \times (1{,}07)^{-1} + 5 \times (1{,}07)^{-2} + 5 \times (1{,}07)^{-3} + 5 \times (1{,}07)^{-4} + 105 \times (1{,}07)^{-5} = 91{,}8$

Signification de ce chiffre :

– si l'émetteur proposant un taux nominal de 5 % désire annoncer un taux actuariel de 7 %, il doit proposer un prix d'émission sur le marché primaire de 91,80 €, soit une prime d'émission de 8,2.

Ou

– si un investisseur anticipe une hausse des taux d'intérêt à 7 %, il sera prêt à acquérir cette obligation, non pas à 100, mais à 91,8 sur le marché secondaire.

g) L'amortissement et le remboursement

La plupart des emprunts obligataires sont remboursables dans leur intégralité en fin de vie. On parle d'emprunts *in fine*.

Mais un émetteur peut décider de répartir la charge de remboursement sur différentes années. Si tel est le cas, il y a un tableau d'amortissement et des modalités clairement définies dans le contrat d'émission.

Quelle que soit la méthode de remboursement, l'émetteur doit stipuler le prix de remboursement, celui-ci peut être égal au pair ou supérieur (il y a alors prime de remboursement).

h) La durée de l'émission

L'obligation est un taux du marché financier, marché des capitaux à long terme. Depuis 1993, la notion de long terme démarre à 3 ans. La durée minimale d'un emprunt obligataire est donc de 3 ans. Sur le plan juridique, il n'y a pas de limite maximale ; en pratique, cependant, la durée la plus longue sur le marché français est de 50 ans. L'État français fut le premier émetteur souverain au monde à émettre une obligation à 50 ans. Depuis quelques années les grandes entreprises d'infrastructure telles que EDF ou Engie émettent des emprunts à 100 ans.

i) Le rang de créance

Lorsque l'entreprise est en liquidation judiciaire, ses créanciers sont remboursés. L'État et les organismes sociaux sont servis en premier lieu puis on « remonte » le bilan. Hors cas particulier (tels les titres subordonnés), les obligations sont remboursées au même rang que les autres dettes.

j) La garantie

L'emprunt peut bénéficier d'une garantie spécifique accordée, par exemple, par la maison-mère de l'émetteur.

k) La notation

Une émission peut faire l'objet d'une notation, appelée rating, par une agence spécialisée. Les trois principales agences de rating sont Standard & Poor's, Moody's et Fitch.

On appelle notation financière ou rating la mesure de la qualité de signature d'un émetteur permettant à l'investisseur d'évaluer le risque de difficulté financière de l'entreprise.

Selon qu'il s'agit de titres à long terme ou de titres à court terme, les notations diffèrent. Nous présentons les échelles de notations pour les obligations :

Moody's	Standard & Poor's	Commentaires
Aaa	AAA	Risque quasi nul
A	A	Bonne qualité mais risque lié à certaines circonstances économiques
Baa	BBB	Solvabilité moyenne
Ba	BB	À partir de cette note, risque spéculatif et risque élevé de non-remboursement
C	D	Situation de faillite de l'emprunteur

Focus : La notation souveraine

Les États n'échappent pas à la règle de notation. Lorsqu'ils émettent des obligations, celles-ci font l'objet d'une évaluation du risque de l'émetteur par les agences de rating.

Celles-ci sont, depuis la crise financière, soumises à des critiques. Et parmi ces critiques, on relève leur situation de quasi-monopole mais également l'impact qu'elles peuvent avoir sur les marchés et ce notamment pour les États. Les États-Unis ont perdu leur « AAA » historique le 2 août 2011, provoquant onze séances boursières consécutives de baisse. La France a, quant à elle, été dégradée le 13 janvier 2012.

Le 23 avril 2023, Fitch dégradait la France de AA à AA-, invitant la France à réduire ses dépenses publiques ; le 2 juin, S&P décidait de maintenir la notation de la France sous condition de réviser sa politique budgétaire.

Les principales techniques d'émission proposées

Pour les grandes entreprises, Euronext propose des Euro-bonds si elles souhaitent s'adresser aux institutionnels européens ; pour les entreprises dites Mid-cap, la bourse leur propose des Euro PP à destination également des institutionnels ; pour toute entreprise, Euronext permet également de toucher les investisseurs particuliers via l'Offre Obligataire Retail. Enfin, les PME et ETI peuvent utiliser l'*Initial Bond Offering* pour capter une clientèle institutionnelle ou de particuliers tant sur Euronext que sur Euronext Growth.

Les différents types d'obligations

Parmi les ***principaux types d'obligations***, hors obligation classique, on distingue :

- ***l'obligation à coupon zéro*** : le taux d'intérêt est nul et la rémunération se fait sous forme de capitalisation des intérêts. L'émission d'une telle obligation est réalisée à un prix inférieur au pair. La prime d'émission correspond alors au rendement du titre : au fur et à mesure que l'on se rapproche du terme, le cours de Bourse se rapproche du pair ;
- ***l'obligation indexée*** : son taux d'intérêt et/ou son remboursement sont indexés sur un élément intrinsèque de l'émetteur (son chiffre d'affaires par exemple) ou sur un élément extérieur (inflation, CAC40...) ;
- ***l'obligation à rendement élevé*** : appelées *Junk bond* aux États-Unis, les obligations à haut rendement sont des valeurs émises par des entreprises dont le rating est faible. En vertu du couple rendement-risque qui prévaut sur les marchés, le taux d'intérêt de ces obligations est particulièrement élevé pour pouvoir attirer des souscripteurs ; on parle également d'obligations à haut rendement pour les émetteurs d'obligations à coupon élevé ; leur rating est inférieur à « BBB » chez Standard & Poor's ;
- ***l'obligation à fenêtre*** est une obligation remboursable au gré du porteur ou de l'émetteur, à des conditions déterminées dans le contrat d'émission d'origine ;
- ***l'obligation prorogeable ou échangeable*** est une obligation pouvant être échangée à son échéance contre une obligation à taux différent (fixe contre variable, par exemple), à des conditions déterminées dans le contrat d'émission ;

- *l'obligation foncière* est une obligation émise par une société de crédit foncier (SCF) dont le rôle exclusif est de consentir des prêts garantis par des sûretés immobilières ou des prêts à des personnes morales ;
- *les OAT* – obligations assimilables du Trésor sont les obligations émises par l'État français, dont la durée est comprise entre 2 et 50 ans et dont la spécificité repose sur l'assimilation. Celle-ci consiste à rattacher des obligations nouvelles à des tranches d'obligations, aux caractéristiques identiques, émises antérieurement. On notera, à titre d'exemple, l'émission de l'OAT 0,50 % – échéance 25 mai 2072, sortie le 19 janvier 2021 au taux – historiquement bas pour cette échéance – de 0,593 % et sursouscrite à hauteur de 75 milliards d'euros (pour 7 milliards d'euros servis). Le Trésor émet également des OAT indexées sur l'inflation : une OATi est une obligation dont les flux (coupon couru, coupon plein et/ou remboursement) sont payés en appliquant un coefficient d'indexation égal à l'évolution de l'inflation entre la date initiale et la date de paiement des flux ;

Focus : OAT vertes

L'OAT verte « cible des dépenses du budget général de l'État, ainsi que des dépenses des Programmes d'investissements d'Avenir sur la lutte contre le changement climatique, l'adaptation au changement climatique, la protection de la biodiversité et la lutte contre la pollution ».

La première OAT verte a été émise en janvier 2017 : OAT verte 1,75 % 25 juin 2039 ; son encours était un an plus tard de 9,7 milliards d'euros.

Le 24 janvier 2019, l'Agence France Trésor annonçait que le montant des dépenses vertes éligibles auxquelles seraient adossées les émissions de l'OAT verte pour 2019 s'élevait à 8 milliards d'euros, comme pour l'année 2018.

À la suite d'adjudications réalisées en 2019 et 2020, l'encours de l'OAT verte s'établissait à 28,87 milliards d'euros en février 2021, 32,85 milliards d'euros en juillet 2023.

Le 25 mai 2022, dans le cadre de son programme de financement 2022, l'État français a émis une OAT verte indexée sur l'inflation (indice européen des prix à la consommation harmonisé, hors tabac) : OAT€i 25 juillet 2038. L'obligation a été sursouscrite à hauteur de 27 milliards d'euros pour 4 milliards offerts.

« Cette obligation de référence à 15 ans, d'une maturité initiale de 16 ans, a été émise à un prix de 108,62 – correspondant à un taux de rendement réel à l'émission de – 0,415 %, pour un montant de 4 milliards d'euros.

Cette émission porte ainsi l'encours des OAT vertes émises à ce jour à 49,4 milliards d'euros ».

Selon le Trésor, le montant des dépenses vertes éligibles auxquelles sont adossées les émissions des obligations vertes de l'État s'élèvera à **11 milliards d'euros pour l'année 2023**, en augmentation de 1 milliard d'euros par rapport à 2022. Parmi ces dépenses éligibles, on note des dépenses budgétaires et fiscales réalisées dans le cadre de la loi de finances 2023. L'encours total des trois OAT vertes (OAT 2039, 0AT 2044 et OAT €i 2038) s'élève en janvier 2023 à 52 milliards d'euros.

Source : *http://www.aft.gouv.fr*

- ***l'obligation convertible en action(s)*** est une obligation qui, à tout moment ou à des périodes précises, peut faire l'objet d'une conversion en une ou plusieurs actions, selon une parité connue d'avance dans le contrat d'émission. Il existe, parmi les obligations convertibles, les Oceane – Obligation à option de conversion ou d'échange en actions nouvelles ou existantes (loi de juillet 1998) – qui donnent le choix à l'émetteur de rembourser les détenteurs par de nouvelles actions (obligation convertible traditionnelle) ou par des actions déjà existantes ;
- ***l'obligation à bons de souscription d'actions*** est une obligation à laquelle sont attachés un ou plusieurs bons permettant de souscrire à des actions, à des conditions prédéterminées dans le contrat d'émission, pendant une période donnée. En cas de non-souscription par le détenteur du bon, ce bon devient sans valeur.

  Dès le jour de l'émission de l'emprunt, le bon est détaché de l'obligation et devient une valeur mobilière à part entière.

  Lorsque le détenteur conserve son obligation jusqu'à son échéance, et qu'il exerce son bon de souscription, il aura pendant quelque temps la qualité d'obligataire et d'actionnaire. Ce qui signifie que, jusqu'à l'échéance des obligations, l'entreprise bénéficie de deux lignes de financement. Ce produit est donc séduisant pour les émetteurs, mais comporte un risque – celui de ne pas pouvoir profiter de l'augmentation de capital escomptée, lorsque l'action baisse en bourse et que son cours devient inférieur au prix d'exercice du bon ;
- ***l'obligation remboursable en actions*** est une obligation dont le remboursement, à l'échéance de l'emprunt, se fait obligatoirement en titres, selon une parité fixée dans le contrat d'émission.

C'est le seul produit obligataire considéré comme quasi-fonds propres puisque, quelle que soit l'évolution du cours de l'action, le remboursement aura lieu en actions – sans option possible pour le détenteur.

Et, à l'instar des Oceane, il existe des Orane – obligations remboursables en actions nouvelles ou existantes.

Focus : exemple d'émission d'OCEANE

Le 7 octobre 2019, Neoen, société spécialisée dans le secteur de l'énergie renouvelable (électricité alternative) a émis une OCEANE (FR0013451820) pour un montant total de 200 millions d'euros, échéance 2024. Le taux retenu est de 1,875 %, l'intérêt est payable semestriellement les 7 avril et 7 octobre à terme échu. La valeur nominale est de 30,17 € (émission au pair), représentant une prime de 35 % par rapport au cours de référence de l'action.

L'obligation a fait l'objet d'un remboursement anticipé en octobre 2022. « Les porteurs d'obligations avaient la faculté d'exercer leur droit à l'attribution d'actions Neoen à raison de 1,078 actions Neoen pour 1 obligation présentée jusqu'au 19 octobre 2022. Le nombre d'obligations présentées à la conversion s'élève à 6 614 676 obligations (soit 99,78 % de l'ensemble des obligations émises) de 30,17 euros de montant nominal, soit un montant nominal total de 199 564 774,92 euros. Neoen a émis au total 7 130 619 actions nouvelles Neoen (Code ISIN : FR0011675362) par application du ratio d'attribution de 1,078 actions par obligation. Les 14 425 obligations non présentées à la conversion seront remboursées en numéraire le 28 octobre 2022 au prix de remboursement anticipé (*Early Redemption Price*, tel que défini dans les termes et conditions des obligations) de 30,20263 euros par obligation (en ce compris 0,03263 euro d'intérêts courus), soit un montant total de 435 672,94 euros ».

Le 28 mai 2020, Neoen a émis la première OCEANE verte (FR0013515707) pour un montant de 170 millions d'euros, échéance 2025. Le taux est de 2 % payable semestriellement. La valeur nominale est de 46,20 € (émission au pair), représentant une prime de 40 % par rapport au cours de référence de référence de l'action.

Neoen a émis de nouvelles OCEANE vertes en septembre 2022 pour un montant nominal de 300 millions d'euros et a exercé l'option de remboursement anticipé des OCEANE existantes d'un montant d'environ 200 millions d'euros arrivant à échéance en octobre 2024.

Les nouvelles OCEANE vertes, échéance 2027, émises au pair, valeur nominale 100 000 €, pour un montant de 300 millions d'euros, proposent un taux annuel compris entre 2,625 % et 3,125 %. Elles font état d'une prime de conversion comprise entre 30 % et 35 % par rapport au cours de référence de l'action. Le produit net de l'émission est/sera affecté au financement ou au refinancement de projets de production et de stockage d'énergie renouvelable conformément au *Green Bond Framework* de Neoen.

Source : Neoen.com

Focus : émission d'une OCEANE-BSA

Le fournisseur mondial de solutions en énergies renouvelables Vergnet a lancé un contrat d'émission de bons d'émission d'obligations convertibles ou échangeables en actions nouvelles et/ou existantes avec bons de souscription pour 6 milliards d'euros.

Chaque bon donne droit à une OCEANE de 10 000 €. Au total, on dénombre trois tranches de 2 000 000 € d'OCEANE au prix de 95 % de la valeur nominal, de maturité de 12 mois, portant un intérêt de 0 %. Le 22 août 2022, l'émetteur décidait de mettre fin au contrat de financement après l'émission de la première tranche, arguant que cette première tranche lui avait suffi pour financer ses besoins de 2022.

Un mois plus tard, le 21 septembre 2022, l'AGE autorisait l'entreprise à émettre à nouveau une OCABSA pour 1 million d'euros, permettant à l'entreprise Vergnet d'exercer des tirages, via le fonds d'investissement Negma ; tirages dont les tailles sont conditionnées par la liquidité du titre. À juin 2023, quatre tranches ont été tirées.

On notera que ce type de montage financier a alerté l'AMF qui dénonce la très forte pression exercée sur le cours de l'action (selon l'Autorité, sur 69 entreprises françaises ayant sollicité ce type de financement, 83 % ont vu leur cours de bourse chuter de 72 % en moyenne après la mise en place du montage financier).

En conséquence, à défaut de pouvoir encadrer sur le plan réglementaire à la suite d'une décision de justice rendue par le HCJP – Haut Comité juridique de la place de Paris – qui a estimé que ces montages respectaient le droit des sociétés, l'AMF recommande toutefois aux entreprises de clairement mettre en avant les risques de baisse de l'action et de dilution (liée au nombre de titres nouveaux régulièrement émis).

On ne saurait ainsi insister sur le risque important que prennent les actionnaires individuels sur les actions des entreprises concernées ! À suivre...

■ *La cotation des obligations*

En Bourse de Paris, les obligations cotent essentiellement en pourcentage et au pied de coupon, c'est-à-dire coupon couru déduit (qu'il convient de rajouter au cours de l'obligation pour connaître le coût d'achat de ladite obligation).

Le coupon couru est la fraction d'intérêt acquise depuis le dernier versement d'intérêt (appelé détachement de coupon).

Exemple de calcul de coupon couru

Soit une obligation 4 % octobre N + 5 cotant 101,25 le 27 mai N, avec une date de règlement le 30 mai N.

En date de règlement, le coupon couru est de 4 % × 211/365 = 2,312 %.

(211 est le nombre de jours passés depuis la date du dernier détachement de coupon, à savoir le 1er octobre N-1).

Le prix payé par l'acheteur au vendeur est de :

101,25 + 2,312 = 103,562.

■ *Les Euro-PP*

Les ***Euro-PP*** ou ***Euro Private Placement*** ne sont pas des obligations cotées mais des instruments de financement pour une entreprise (cotée ou non) à destination d'investisseurs institutionnels.

L'entreprise Bonduelle a émis la première obligation sous forme de placement privé en septembre 2012, pour un montant de 145 millions €, à échéance mars 2019 et portant intérêt à 3,83 %.

Afin de multiplier les sources de financement des entreprises, Euronext propose la cotation des Euro-PP :

Environnement actuel	**L'offre EPPB**			
Diminution des prêts bancaires Croissance du marché Euro-PP Nouveaux investisseurs Nouvelles alternatives au financement des PME-ETI	**Larges bases d'investisseurs**	**Excellente réputation**	**Calendrier et structure flexibles**	**Diversité de produits standardisés**
	Réponse aux attentes des investisseurs	Sécurité	Procédure simple et rapide	Coûts de cotation compétitifs

Source : Euronext

On peut citer quelques exemples :

En janvier 2020, Reden Solar, producteur d'énergie renouvelable, a émis un ***euro-PP green*** pour 45 millions en deux tranches (l'une amortissable, l'autre *in fine*).

Depuis la première émission d'Euro-PP en 2012, le marché a permis aux ETI – Entreprises de taille intermédiaire de lever 30 milliards d'euros. En décembre 2020, Akuo, producteur indépendant français d'énergie renouvelable, a émis un Euro-PP vert (FR0014000YT4) pour 60 millions d'euros, de durée 6 ans au taux de 4,25 %. Les titres ont été sursouscrits à hauteur de 2 fois. On notera que l'entreprise est coutumière de ces Euro-PP verts ou des green bonds (cf. §8 ci-après) car elle aura émis 2,5 Mds d'euros de ce type de valeurs mobilières depuis 2013.

En février 2022, Bertrand Corp a émis des Euro-PP – échéance 3 février 2027 au taux de 4,3 % pour un montant total de 70 millions d'euros (FR00140081S3).

En mai 2023, Uniti, spécialiste de l'immobilier résidentiel, a émis des Euro-PP, de valeur nominale de 100 000 €, pour 10,6 millions d'euros sur 5 ans, échéance mai 2028 au taux de 8 % ; les titres de l'émission senior non sécurisée sont traités sur Euronext Access.

3 Les titres subordonnés

Les titres subordonnés sont des obligations dont le remboursement intervient, en cas de liquidation de la société, après complet désintéressement des autres créanciers. Ce sont donc des titres de créance de dernier rang. Et le paiement des intérêts peut être reporté sur décision du conseil d'administration. Le paiement des intérêts est dit subordonné au versement de dividende.

On recense :

- les titres subordonnés à durée indéterminée – TSDI dont la maturité est infinie ;
- les titres subordonnés remboursables dont la maturité est définie à l'émission ;
- les titres super-subordonnés dont le remboursement interviendra, en cas de faillite de l'émetteur, après celui des titres subordonnés.

Parmi les dernières émissions, on notera celle de la Société de la Tour Eiffel. La foncière spécialisée dans l'immobilier de bureau a émis un TSDI pour 180 millions d'euros le 18 juin 2020. Le taux déterminé de l'émission est de 4,5 % et une première possibilité de remboursement est prévue pour 2025.

4 Les instruments de placement collectif

Depuis la transposition de la directive européenne AIFM (*Alternative Investment Funds Managers*) du 27 juillet 2011, entrée en vigueur en 2013 dans tous les États, le Code monétaire et financier prend en compte trois types d'OPC – Organismes de placements collectifs :

– les OPCVM soumis à la directive UCITS IV ;

– les FIA soumis à la directive AIFM ;

– les autres placements collectifs.

■ *La classification des OPC*

Familles	Catégories
OPC Actions	Actions françaises Actions des pays de la zone euro Actions des pays de l'Union européenne Actions internationales
OPC Obligations et autres titres de créances négociables	Obligations et autres titres de créances libellés en euros Obligations et autres titres de créances internationaux
OPC Monétaires	Monétaire Monétaire court terme
OPC de Fonds alternatifs	OPC de Fonds alternatifs
OPC à Formule	OPC à Formule
OPC Diversifiés	OPC Diversifiés

Les OPCVM (Organismes de placement collectif en valeurs mobilières) sont des véhicules permettant la collecte de l'épargne et l'investissement de ladite épargne dans des valeurs mobilières selon des critères préétablis dans leurs statuts.

Depuis juillet 2013, on entend par OPCVM les seuls organismes qui relèvent de la directive UCITS IV que l'on appelait auparavant OPCVM coordonnées (car harmonisés en matière de réglementation européenne et donc commercialisables dans l'ensemble de l'Union). Ils doivent être dotés d'un passeport européen.

Les FIA – Fonds d'investissement alternatifs

On recense les FIA régulés ou non.

Le législateur classe les fonds régulés en fonction des types d'investisseurs et des formules de gestions :

– les fonds ouverts aux investisseurs non professionnels sont :
  - les fonds d'investissement à vocation générale (ex-OPCVM à vocation générale non coordonnés),
  - les fonds de capital investissement agréés (FCPR/FCPI/FIP),
  - les organismes professionnels de placement collectif immobilier (OPCI),
  - les sociétés civiles de placement immobilier (SCPI),
  - les sociétés d'épargne forestière (SEF),
  - les sociétés d'investissement à capital fixe (SICAF),
  - les fonds de fonds alternatifs (ex-OPCVM de fonds alternatifs) ;

– les fonds ouverts aux investisseurs professionnels sont :
  - les fonds agréés : les fonds professionnels à vocation générale (ex-OPCVM ARIA EL) et les OPCI professionnels,
  - les fonds déclarés : les fonds professionnels spécialisés (ex-OPCVM contractuels + FCPR contractuels) et les fonds professionnels de capital investissement (ex-FCPR allégés) ;

– les fonds d'épargne salariale (ex-FCPE) ;

– les organismes de titrisation (cf. § 7 ci-après).

Les fonds alternatifs sont investis à plus de 10 % en parts ou actions de fonds d'investissement de droit étranger, d'OPCVM contractuels où à règles d'investissement allégées, en parts ou actions d'OPCVM relevant de l'article L. 214-35 du Code monétaire et financier dans sa rédaction antérieure au 2 août 2003 et en parts de FCIMT (Fonds commun d'intervention sur les marchés à terme). Un avertissement spécifique à cette gestion est inséré.

Les Fonds à formule doivent atteindre, à l'expiration d'une période déterminée, un montant déterminé par application mécanique d'une formule de calcul prédéfinie, reposant sur des indicateurs de marchés financiers ou des instruments financiers. Leur objectif de gestion est garanti par un établissement de crédit dont le siège est établi dans un État membre de l'OCDE. La garantie peut être accordée à l'OPCVM ou à ses porteurs ou actionnaires. Un avertissement spécifique à cette gestion est inséré systématiquement.

Les OPC diversifiés rassemblent tous les OPC qui ne relèvent pas d'une catégorie susnommée. Ils doivent faire mention de la gestion mise en œuvre (gestion totalement discrétionnaire, gestion de type profilée, gestion monétaire dynamique).

Enfin, l'AMF distingue les fonds monétaires court terme et les fonds monétaires classiques afin de les différencier très clairement en fonction de leur profil rendement/risque. Et depuis 2020, les fonds alternatifs sont éligibles au label ISR (cf. §8 du chapitre présent).

Les encours des OPC se décomposent de la manière suivante en avril 2023 (*source : AFG*) :

Types de fonds	**Actifs nets (Mds€) avril 2022 (fin 2020)**	**Actifs nets avril 2023**
Actions	362,8 (332,1)	350,2
Diversifiés	348,2 (335,3)	300,6
Obligations	285,2 (280,0)	273,2
Monétaires	338,2 (393,9)	405,0
Autres (Fcpe, Opci/Scpi, FA, OT)	799,7 (670,9)	838,7
Total	**1 795,9 (1 635,4)**	**1 762,7**

Focus : Les Directives

– La Directive UCITS IV (*Undertakings for the Collective Investment In Transferable Securities*), adoptée par le Parlement européen en 2009 et entrée en vigueur en juillet 2011, a pour objet la distribution des fonds UCITS dans l'Union.

Elle repose sur une harmonisation de la réglementation, une notification des fonds d'une autorité de tutelle à une autre plus facile, la création d'un passeport de société de gestion unique et surtout la refonte du prospectus d'information.

Celui-ci s'appelle désormais KID – *Key Investor Document* – ou DICI – Document d'Information Clé pour l'Investisseur, il remplace le prospectus simplifié sous la forme d'un document synthétique et harmonisé avec information sur les objectifs du fonds, les risques et les performances et les coûts (cf. ci-après règlement PRIIPs).

– La Directive AIFM (*Alternative Investment Funds Managers*) du 27 juillet 2011, entrée en vigueur en 2013, réglemente les gestionnaires de fonds alternatifs (c'est-à-dire non assujettis à la directive UCITS). Les gestionnaires concernés sont notamment les gestionnaires de *Hedge funds*, de fonds immobiliers ou de capital-investissement.

La directive leur impose des règles en matière de minimum de fonds propres, de contrôle, de recours à l'effet de levier, de rémunérations, etc. Elle impose un passeport, elle définit les fonctions et les responsabilités des dépositaires, etc.

La directive UCITS V du 23 juillet 2014 a pour objet de coordonner les lois et règlements pour améliorer la protection des investisseurs, grâce à une responsabilité renforcée des dépositaires, un encadrement des rémunérations et une politique de sanctions plus forte en cas de violation des règles. Elle est entrée en vigueur le 16 mars 2016.

Depuis le 2 janvier 2018, date d'entrée en vigueur de la MiFID 2, les gestionnaires de fonds doivent remplir un formulaire faisant état de 65 éléments d'information dans les 15 minutes qui suivent la transaction.

Enfin, le règlement PRIIPs – *Packaged Retail Investment and Insurance Products* – est entré en vigueur le 1er janvier 2018 ; il confirme le précité DICI dans l'esprit de MiFID 2, en uniformisant l'information précontractuelle à destination des investisseurs non professionnels pour les produits d'investissement dont la performance est assise sur un sous-jacent. Ledit règlement élargit donc le concept susnommé du KID UCITS aux produits packagés.

■ *Les ELTIFS – Fonds d'investissement de long terme*

Les fonds alternatifs peuvent demander le statut d'***Eltif*** – *European Long-Terme Investment Funds* – si leurs caractéristiques sont compatibles. Ces fonds, créés en décembre 2015, ont pour objectif d'orienter davantage l'épargne vers le financement à long terme de l'économie. En France, les premiers fonds ont été agréés début 2016.

Exemples : Meridiam, premier investisseur indépendant dans les infrastructures au service des collectivités a levé 1,3 milliard d'euros en avril 2016 via son fonds Meridiam Europe III, premier Eltif agréé en France.

En avril 2020, Tikehau Capital a lancé un fonds à long terme (dit Eltif) de *Private Equity* à destination de la clientèle privée de la banque espagnole Banca March. Ce fonds, de maturité 10 ans, investit dans des entreprises, cotées ou non, axées sur la transition énergétique (pour des tickets compris entre 25 et 75 millions d'euros). Plus précisément, trois axes sont à l'origine des investissements : les énergies renouvelables, la mobilité bas carbone et l'efficience énergétique.

« Très concrètement, à côté des organismes de titrisation (OT), nous avons créé un nouveau véhicule, appelé organisme de financement spécialisé (OFS), soumis à la directive AIFM. Ce nouveau véhicule sera un fonds d'investissement alternatif (FIA) non tranché qui pourra se financer en émettant des obligations. Le fait d'être soumis à cette directive lui permettra également de bénéficier, à la différence de l'organisme de titrisation classique, du passeport de commercialisation transfrontalier et du label fonds européen de long terme (ELTIF) », précise le directeur de la gestion d'actifs à l'AMF.

Focus : Révision de la réglementation des Eltif

Le 24 mai 2022, le Conseil européen a proposé l'amélioration du règlement relatif aux ELTIF pour développer les investissements à long terme dans l'économie réelle, partant du principe que ces fonds sont indispensables pour contribuer au financement des transitions écologique et numérique.

À cette fin, la révision devra :

– rendre « la création de fonds de ce type plus attrayante pour les gestionnaires d'actifs, en élargissant le champ des actifs et des investissements éligibles, et en mettant à jour les exigences en matière de composition et de diversification du portefeuille, les règles en matière d'emprunt de liquidités et d'autres dispositions des statuts des fonds, ainsi que les exigences relatives à l'agrément, aux politiques d'investissement et aux conditions de fonctionnement des ELTIF » ;

– permettre « aux investisseurs de détail d'investir plus facilement dans des ELTIF, notamment en supprimant le seuil minimal d'investissement de 10 000 euros, tout en garantissant une solide protection des investisseurs ».

Le Conseil insiste alors sur 3 priorités :

– acheminer davantage de financements vers les PME et les projets à long terme, y compris en supprimant les contraintes qui pèsent actuellement sur la composition du portefeuille des ELTIF, en particulier pour ceux dont la distribution est réservée aux investisseurs professionnels ;

– renforcer le rôle des investisseurs de détail en rendant les ELTIF plus attrayants pour ces derniers et en supprimant les barrières à l'entrée qui ne tenaient pas compte du profil et des objectifs de chaque investisseur ;

– maintenir des normes élevées de protection des investisseurs et fournir aux investisseurs de détail toutes les informations pertinentes pour qu'ils puissent prendre des décisions en connaissance de cause.

Source : https://www.consilium.europa.eu/fr

Le Règlement n° 2023/606 du 15 mars 2023 modifie également le règlement de 2015. Nous reprenons ci-après les principaux changements :

– commercialisation possible dans l'Union européenne grâce au passeport de reconnaissance mutuelle (non offert aux FIA), permettant aux ELTIF de s'assimiler de plus en plus aux OPCVM ;

– suppression de l'investissement minimal de 10 000 € ;

– possibilité pour le fonds d'investir jusqu'à 20 % dans un même actif (au lieu de 10 %) ;

– l'objet de ce règlement est donc d'attirer davantage de particuliers pour leur gestion de portefeuille à long terme.

5 Les ETProducts (ETFunds, ETNotes et ETVehicles)

Les ETProducts – *Exchange Traded Products* – regroupent les ETFunds, les ETNotes et les ETVehicles, auxquels on peut rajouter les ETCommodities.

Ces produits entrent dans ce qu'il est convenu d'appeler la ***gestion passive*** par opposition à la ***gestion active***. Cette dernière consiste à surperformer le marché de référence, ou benchmark, du portefeuille géré, tandis que la gestion passive consiste à répliquer les performances du marché de référence. On distingue la réplication pure (achat de tous les composants d'un indice, pondérés selon leur capitalisation), la réplication synthétique (avec produits dérivés sans qu'il y ait de détention de titres physiquement) et la réplication statistique (approximation de la performance de l'indice).

■ Les ETFunds

Les *trackers* (ou ETFunds – *Exchange Traded Funds*) sont des fonds d'investissement cotés en Bourse qui suivent exactement les variations des indices boursiers. Ils permettent à l'investisseur d'accéder à un panel de valeurs dont l'évolution est strictement identique à celle des indices.

Le cours du *tracker* suit l'indice auquel il se réfère. Un *tracker* indexé sur le CAC 40 cotera 59,16 si le CAC 40 clôture 5 922 points, compte tenu des frais de gestion (compris entre 0,09 % et 1 % selon les *trackers*).

Sur Euronext, la typologie des *trackers* se présente comme suit :

Trackers sur indices de marché	Trackers sur indices de pays, zones géographiques ou pays émergents Trackers sur indices sectoriels Trackers sur indices obligataires	CAC 40, AEX... MSCI World... Euro Stoxx 50... Banque, énergie... EuroMTS...
Trackers sur indices de matières premières	Trackers sur indices de paniers de matières premières basés sur des prix de contrats à terme	Métaux précieux, métaux ferreux, agriculture...
Trackers sur indices de stratégies	Trackers intégrant différents types de stratégies d'investissement : indices de style (performance, valeur de rendement, petite ou grande capitalisation...), indices intégrant des effets de leviers ou répliquant l'inverse des performances..., indices intégrant des stratégies d'options	*Small, mid, value, growth...* *Leveraged, bear...*
ETF actifs	Fonds basés sur des indices intégrant une offre structurée avec profils de risque différenciés (levier, protection de capital, réplication inverse des performances...)	Fonds structurés

Différents indices sous-jacents différents sont disponibles, présentant ainsi une grande variété d'investissements :

- indices pays (CAC 40, AEX...) ;
- indices mondiaux (MSCI WorldSM, Global Titan) ;
- indices européens (Euro STOXX 50®, FTSEurofirst 80...) ;
- indices obligataires (EuroMTS, iBoxx...) ;
- indices sectoriels (banque, énergie, automobile...) ;
- indices sur pays émergents (Chine, Brésil, Russie, Inde...) ;
- indices sur matières premières (paniers de matières premières comprenant métaux précieux, métaux ferreux, agriculture, énergie) ;
- indices de style (Small, Mid, Value, Growth...) ;
- indices de stratégie (*Leveraged, Bear, Buy Write*...) ;
- indices de stratégie fondamentale, etc.

Les *trackers* sont négociables en continu et éligibles au SRD et PEA.

Répliquant la performance d'un indice, ils détiennent généralement les titres de l'indice ; lorsque ces valeurs détachent un dividende, les *trackers* reçoivent ledit dividende et l'intègrent dans leur prix.

Aussi, en période de détachement de dividende, la valeur du *tracker* devient supérieure à la fraction de l'indice qu'il représente. Ensuite, il opte pour le versement des produits ou leur capitalisation.

Les *trackers* sont gérés par des sociétés de gestion dont la rémunération est déduite quotidiennement du prix. Enfin, s'il s'agit d'un *tracker* basé sur un indice étranger, il convient de prendre en compte la parité de change euro/devise pour mesurer sa performance en euro.

On note qu'en 2020, en France, pour la première fois, les ETF recourant aux critères ESG présentent des encours supérieurs à ceux des ETF conventionnels : 45,5 milliards d'euros sur un total de 89,3 milliards d'euros.

Parmi ceux-ci, on dénombre de plus en plus d'ETF durables. L'Europe prédomine ce marché, tout particulièrement depuis la mise en place du plan d'action pour une finance durable dont un des objectifs consiste à réduire les émissions de gaz à effet de serre de 55 % par rapport à ce qu'ils étaient en 1990.

Enfin, des indices climats ayant été mis en place sont utilisés par les ETF, dits ETF climatiques. Amundi, par exemple, a lancé trois ETF climat : Amundi Euro iStoxx Climate Paris Aligned PAB Ucits, Amundi MSCI Europe Climate Paris Aligned PAB Ucits et Amundi MSCI World Climate Paris Aligned PAB Ucits.

Ces ETF répliquent les indices PAB – *Paris-Aligned Benchmark* de l'Union européenne afin d'amener à la réalisation des objectifs de l'Accord de Paris de 2015.

On a également des gestionnaires d'actifs qui proposent désormais des ETF faisant référence aux Objectifs de Développement Durables de l'ONU ; citons l'exemple de RobecoSAM Gender Equality Impact Equities (ODD5) qui investit dans des entreprises leaders en matière de promotion de la diversité et de l'égalité des sexes.

Au niveau mondial à fin 2022, les encours atteignent 9 230 milliards de dollars (contre 10 260 en 2021), représentant 11 119 produits et 22 860 cotations ; les produits sont proposés par 671 fournisseurs sur 81 bourses reparties sur 64 pays. Les États-Unis représentent 70 % des encours (6 710 milliards de dollars).

■ *Les* Exchange Traded Notes

Les ETN sont des valeurs mobilières émises sous forme de dettes, liées aux performances du marché de référence (le plus souvent marché des matières premières) sans détenir les valeurs.

Exemple : ETN Gold Lyxor

Chaque ETN suit pas à pas l'évolution des cours de son sous-jacent.

Par exemple, dans le cas du Lyxor ETN Gold, si les cours de l'or physique s'apprécient de 3 %, l'ETN s'appréciera de 3 % dans le même temps (hors frais et effet de change), et inversement. Aucune garantie de capital n'est incluse.

Les Lyxor ETNs ont un double objectif :

– répliquer le profil rendement/risque des principales stratégies d'investissement sur les marchés de matières premières (achat, vente, levier, avec ou sans garantie de change). Pour cela, les Lyxor ETNs suivent, hors frais, les cours des matières premières ou des indices de référence de ces marchés et de ces stratégies ;

– apporter à l'investisseur les sécurités et protections adéquates face au risque de contrepartie. Cet objectif est assuré grâce à un mécanisme unique de collatéralisation qui protège la valeur des titres émis et assure à l'investisseur une très bonne qualité de signature.

Les Lyxor ETNs répliquent les variations des cours de(s) matière(s) première(s) ou de leur indice de référence.

Ils n'ont pas vocation à exposer les investisseurs à un risque d'écart de performance, ce sont avant tout des produits à *tracking error* proche de zéro, hors frais. Ainsi, ce sont des instruments financiers efficients pour construire, gérer, optimiser et valoriser une allocation sur les matières premières. Avec ces produits, l'accès à l'investissement sur les matières premières s'effectue à des coûts clairement identifiés : pas de droit d'entrée ni de sortie, et une commission de gestion annuelle faible.

Source : Lyxor

■ *Les* Exchange Traded Vehicles

Un ETV réplique la performance d'un actif ou d'un panier indiciel sous-jacent, permettant aux investisseurs de bénéficier d'une exposition sur des actifs sous-jacents sans avoir à négocier des futures ou prendre la livraison physique du sous-jacent.

Les ***ETV sont des valeurs ouvertes*** (*open ended*) sans contrainte en termes de volumes.

Ils ***offrent trois types de rendement*** selon le sous-jacent :

– ***rendement « spot »*** : évolution du prix du contrat future spot ;
– ***rendement « roll »*** : gain ou pertes liés aux roulements des positions du premier mois de future ;
– ***rendement « collateral »*** : intérêts générés par la valeur de l'investissement initial.

■ *La cotation des ETP*

Les transactions sur les ETP s'effectuent sur la plateforme gérée par Euronext, Euronext Access. Conformément à une décision du 23 juillet 2019, « Euronext admet aux négociations à son initiative les ETP déjà admis aux négociations sur des marchés réglementés de l'Espace Économique Européen ou sur des marchés de pays tiers qu'elle juge de fonctionnement équivalent. S'agissant des ETF, ils doivent avoir été constitués dans un pays de l'Union européenne ou dans les pays suivants : la Suisse et la Norvège. Les FIA sont placés dans des groupes de cotation dédiés. Les membres porteurs d'ordres pour le compte de clients non professionnels, identifiés par leur statut de Membre négociateur de détail, n'ont pas accès aux groupes de cotation dédiés aux FIA ». La bourse s'autorise également le droit de retrait lorsque les conditions de négociation ne sont plus remplies. Enfin deux modalités sont possibles : « la production d'ordres fermes exécutables dans le carnet d'ordre central et la production de demandes de cotation. Les ordres peuvent porter sur le prix de l'ETP ou sur une marge autour de sa prochaine valeur liquidative » (*source : AMF*).

On notera que les ETP cotés dans le monde connaissent un regain d'intérêt ; les actifs investis dans ces véhicules ont atteint fin 2021, le montant global de 10 270 milliards de dollars, en hausse de 28,5 %. Au total, on compte 9 877 ETF/ETP émanant de 608 fournisseurs de 62 pays.

6 Les *warrants* et les certificats

■ *Les warrants*

Un *warrant* est un instrument négociable en bourse, donnant le droit, sans obligation, d'acheter ou de vendre un actif sous-jacent à un prix fixé d'avance jusqu'à une date donnée.

A priori, les *warrants* s'apparentent à des options ; ils dépendent, comme les options, d'un sous-jacent (action, obligation, indice...), ont une durée de vie et une échéance déterminées, et un prix d'exercice.

Cependant, des différences notables existent :

– les options sont des contrats financiers, les *warrants* sont des produits financiers. Les *warrants* se négocient comme des actions (même compte-titres) et sont émis par des banques ;
– les options sont des contrats standardisés (homogénéité d'échéance, de prix d'exercice et de taille) ; les caractéristiques des *warrants* sont choisies par les émetteurs selon la demande des investisseurs (il peut y avoir des échéances ou des prix d'exercice différents sur les *warrants* portant sur le même sous-jacent) ;
– les options sont principalement créées sur les actions domestiques, les indices ou les taux d'intérêt, les *warrants* sont émis sur une très large gamme de sous-jacents (panier d'actions, matières premières...) ;
– un nombre illimité d'options peut être émis pour une même classe sans que le prix ne soit affecté, le nombre de *warrants* émis pour une maturité et un prix d'exercice donnés est limité, affectant leur prix.

■ *Les certificats*

Un certificat est une valeur mobilière cotée en bourse dont les conditions de remboursement à l'échéance sont connues dès l'émission.

Parmi les certificats, on recense sur Euronext :

– les certificats d'investissement :
  • certificat dont la prime réplique ou double la performance d'un sous-jacent, certificat émis à une valeur inférieure au cours du sous-jacent et remboursé au cours du jour du remboursement (dans une limite fixée),
  • certificat caractérisé par deux bornes définies à l'émission,
  • certificat avec protection du capital (partiel ou total) et d'un pourcentage de participation à la hausse du sous-jacent ;
– les certificats à levier :
  • certificat dont la prime à l'échéance dépend de la position du cours du sous-jacent par rapport à deux bornes définies à l'émission,

  - certificat dont la prime à l'échéance sera égale à la différence entre les deux bornes dans tous les cas sauf si le cours du sous-jacent touche la borne basse s'il y a anticipation haussière ou borne haute si anticipation baissière ;
- les produits à levier à barrière désactivante :
  - certificat dont la prime à l'échéance multiplie par 2 ou 3 la variation en euro du sous-jacent tant que le cours de celui-ci est supérieur à une borne déterminée à l'émission (si cette borne est touchée en cours de vie, le certificat expire prématurément),
  - certificat qui réplique, à l'inverse, l'évolution du cours du sous-jacent (il est caractérisé par un niveau de référence et un seuil de sécurité, sa prime est égale à la différence entre le niveau de référence et le cours du sous-jacent),
  - certificat dont la prime évolue avec levier selon la performance du sous-jacent tant que le cours de ce dernier évolue au-dessus ou en dessous d'une certaine limite ou barrière ou seuil de sécurité.

Les *warrants* et certificats sont cotés sur Euronext, via la plateforme UTP-Universal Trading Platform, devenue Optik depuis 2018, de manière identique aux actions. Ils font l'objet de contrats d'animation proposés par leurs émetteurs (dits apporteurs de liquidité).

7 Les fonds communs de titrisation

La titrisation est un montage financier qui permet de rendre liquide un actif illiquide. Des créances sont transposées dans une structure spécifiquement créée pour les accueillir qui va chercher ses ressources – pour acheter lesdites créances – par appel public à l'épargne. Cette structure s'appelle un fonds commun de titrisation et émet des parts.

Sans entrer dans le détail technique, nous présentons ci-dessous le principe général de la titrisation schématisé.

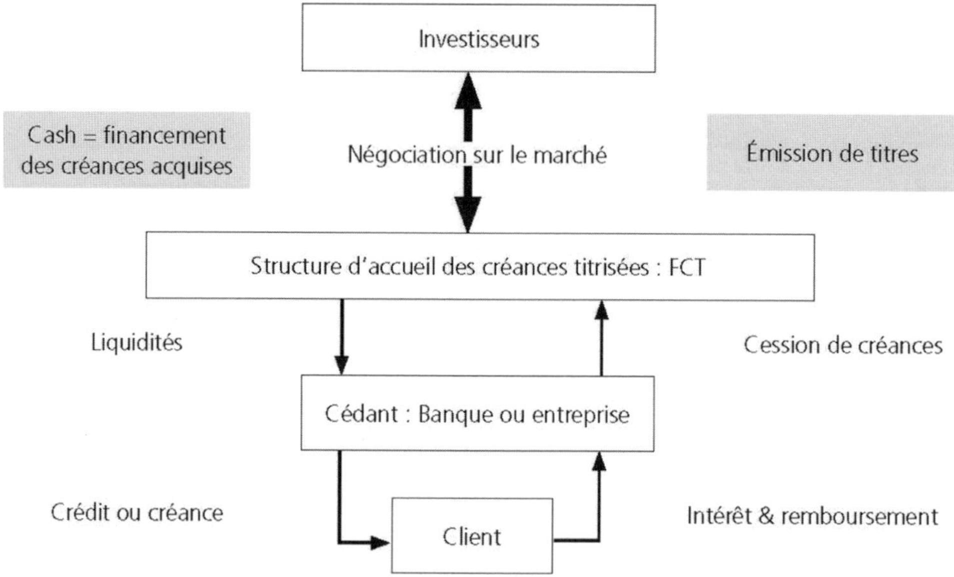

Un particulier peut acheter une part de FCT cotée en Bourse ; Euronext les classe dans les obligations.

Début 2014, le Crédit Foncier de France avait annoncé vouloir lancer une opération de titrisation de ses crédits immobiliers pour 1 milliard d'euros. Afin d'être conforme à la réglementation édictée depuis la crise des subprimes et des G20 qui lui ont succédé, le Foncier avait gardé 5 % des encours titrisés afin d'assurer la traçabilité des créances en cas de problème.

Sans entrer dans la technique de la titrisation, il convient de noter que des améliorations de traçabilité et simplification ont été permises par les dernières lois européennes et/ou mondiales. Citons le cas des titrisations dites STS (simples, transparentes, standardisées) requérant l'homogénéité des actifs titrisés, une transparence accrue sur les sous-jacents à destination des investisseurs et la standardisation grâce à des critères rendus obligatoires en termes de risques. Enfin, l'obligation de rétention est devenue obligatoire tant aux USA qu'en Europe : 5 % des encours titrisés doivent être maintenus dans les bilans des banques originatrices afin d'assurer la traçabilité.

En 2021, le Groupe BPCE a bouclé une opération de titrisation verte de 1,5 milliard d'euros sous forme de RMBS – *Residential Mortgage-Backed Securities* ; le groupe s'engage dans la production de nouveaux crédits immobiliers permettant l'achat ou la construction de logements basse consommation.

En 2022, l'AMF a publié quelques éléments des efforts faits en Europe pour réglementer la titrisation. À cette fin, elle a examiné les pratiques de cinq sponsors, initiateurs et arrangeurs et conclu à des insuffisances dans les pratiques ; elle invite en conséquence les professionnels à « renforcer la qualité de leurs dispositifs encadrant l'octroi, le contrôle et le retrait du label STS » !

8 La finance durable et les véhicules en réponse aux ODD – Objectifs de Développement Durable

De plus en plus de titres ou de véhicules de financement répondent aux attentes des transitions actuelles et tout particulièrement sociales et énergétiques ou climatiques. À cette fin, la grille de lecture peut être celle des ODD des Nations unies.

■ *Les ODD*

En septembre 2015, les 193 pays de l'ONU ont adopté l'Agenda 2030 qui a lieu d'être « pour la planète, pour la prospérité, pour la paix et par les partenariats. Il porte une vision de transformation du monde en éradiquant la pauvreté et en assurant sa transition vers un développement durable ».

À ces fins, ont été fixés 17 ***Objectifs de Développement Durable*** nommés ODD :

1	Pas de pauvreté	Éliminer la pauvreté sous toutes ses formes et partout dans le monde
2	Faim « zéro »	Éliminer la faim, assurer la sécurité alimentaire, améliorer la nutrition et promouvoir l'agriculture durable
3	Bonne santé & bien-être	Permettre à tous de vivre en bonne santé et promouvoir le bien-être de tous à tout âge
4	Éducation de qualité	Assurer l'accès à tous à une éducation de qualité, sur un pied d'égalité, et promouvoir les possibilités d'apprentissage tout au long de la vie
5	Égalité entre les sexes	Parvenir à l'égalité des sexes et autonomiser toutes les femmes et les filles
6	Eau & assainissement	Garantir l'accès de tous à l'eau et à l'assainissement et assurer une gestion durable des ressources en eau

7	Énergie propre et d'un coût abordable	Garantir l'accès de tous à des services énergétiques fiables, durables et modernes à un coût abordable
8	Travail décent & croissance économique	Promouvoir une croissance économique soutenue, partagée et durable, le plein-emploi productif et un travail décent pour tous
9	Industrie, innovation & infrastructure	Bâtir une infrastructure résiliente, promouvoir une industrialisation durable qui profite à tous et encourager l'innovation
10	Inégalités réduites	Réduire les inégalités dans un pays et d'un pays à l'autre
11	Villes & communautés durables	Faire en sorte que les villes et les établissements humains soient ouverts à tous, sûrs, résilients et durables
12	Consommation & production responsables	Établir des modes de consommation et de production durables
13	Mesures relatives à la lutte contre les changements climatiques	Prendre d'urgence des mesures pour lutter contre les changements climatiques et leurs répercussions
14	Vie aquatique	Conserver et exploiter de manière durable les océans, les mers et les ressources marines aux fins du développement durable
15	Vie terrestre	Préserver et restaurer les écosystèmes terrestres, en veillant à les exploiter de façon durable, gérer durablement les forêts, lutter contre la désertification, enrayer et inverser le processus de dégradation des terres et mettre fin à l'appauvrissement de la biodiversité
16	Paix, justice et institutions efficaces	Promouvoir l'avènement de sociétés pacifiques et ouvertes à tous aux fins du développement durable, assurer à tous l'accès à la justice et mettre en place, à tous les niveaux, des institutions efficaces, responsables et ouvertes à tous
17	Partenariats pour la réalisation des objectifs	Renforcer les moyens de mettre en œuvre le Partenariat mondial pour le développement durable et le revitaliser

Ces ODD doivent servir telle une grille de lecture afin que la finance les serve. Dit autrement, il convient de les considérer comme un business plan.

Depuis quelques années, des instruments financiers ont été développés pour y répondre.

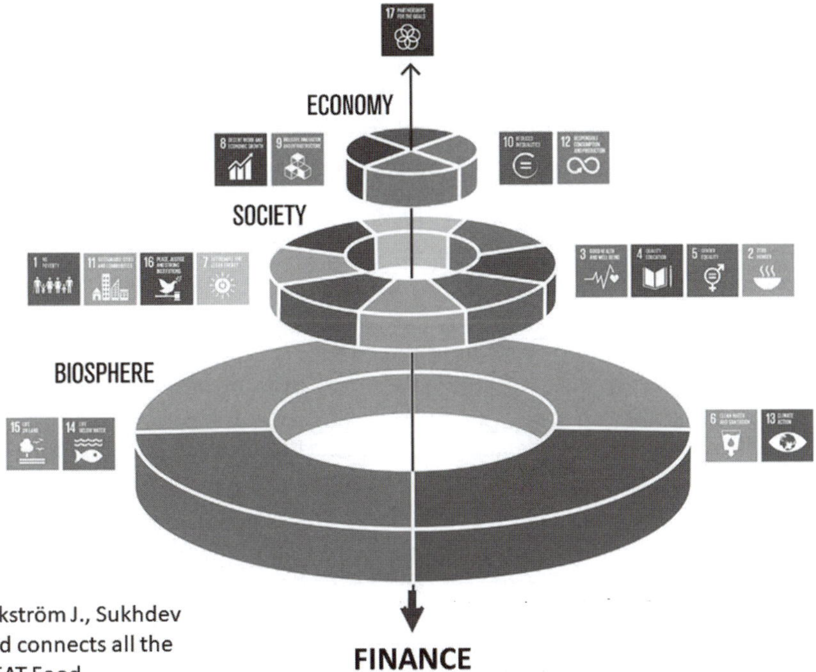

Adapted from Rockström J., Sukhdev P. (2016), How food connects all the SDGs, Stockholm EAT Food

■ L'investissement socialement responsable

L'*investissement socialement responsable* reprend l'ensemble des démarches qui consistent à intégrer des critères extra-financiers (sociaux et environnementaux) dans les décisions de placement et de gestion de portefeuille. Il peut prendre différentes formes : fonds socialement responsables, engagement actionnarial, produits financiers solidaires.

Remarques fondamentales :

– la **RSE – Responsabilité sociale/sociétale des entreprises** représente la dimension entreprise du développement durable ;

– l'**ISR – Investissement socialement responsable** en représente la dimension financière ;

– l'**ESG – Environnement, social, gouvernance** en représente la dimension data.

Nous nous focalisons ici sur les fonds ISR.

On distingue ***quatre grands types de fonds ISR*** :

- ***les fonds de solidarité***, ou de partage, pour lesquels il n'existe pas de typologie d'investissement dans tel ou tel secteur d'activité mais dont le qualificatif a lieu d'être parce qu'ils redistribuent une partie de leurs produits à une ou plusieurs œuvres caritatives ;
- ***les fonds à critères négatifs*** qui excluent les valeurs issues d'activités non éthiques : l'alcool, le tabac, la pornographie, les jeux d'argent, l'armement, les entreprises faisant travailler les enfants... ;
- ***les fonds thématiques*** qui, lors du choix d'investissement, appliquent des critères positifs orientés vers un thème spécifique (exemples : le social ou l'écologique) ;
- ***les fonds durables*** dont la stratégie d'investissement repose sur une évaluation multifactorielle assise sur des dimensions sociales, environnementales ou éthiques.

D'autres typologies existent :

- ***les fonds de première génération*** qui reposent sur l'approche (screening) négative ;
- ***les fonds de seconde génération*** qui adoptent un ensemble limité de critères positifs (en analysant un aspect social ou environnemental de la gestion des entreprises) ;
- ***les fonds de troisième génération*** qui opèrent une sélection plus fine des entreprises (en les analysant sur un ensemble de critères plus larges), selon une approche nommée Best in Class ;
- ***les fonds de quatrième génération***, semblables à ceux de la troisième génération mais avec une analyse et une évaluation faisant l'objet d'une communication et d'un dialogue régulier avec les parties prenantes (actionnaires, dirigeants, personnel, syndicats, clients, fournisseurs...).

Depuis 2016, Novethic prend en compte les différentes approches d'investissement et distingue l'ISR de conviction (*fonds best-in-univers, best-in-class et thématiques*) des fonds à impact limité.

Dès lors qu'un fonds socialement responsable est créé, son gestionnaire décide d'un processus d'investissement. Schématiquement, le gérant présélectionne les valeurs en fonction de leur note élaborée par les agences de notation éthique et leur affecte une propre note selon une analyse interne si l'établissement est doté d'une structure ad hoc. Dans cet univers, il choisit, enfin, les valeurs en fonction de leurs performances financières et des objectifs de gestion.

Focus : Le LABEL ISR

« Le Label ISR (www.lelabelisr.fr) est un label d'État, le premier à avoir été institué en Europe. Lancé le 18 novembre 2016 par le ministre de l'Économie et des Finances suite aux initiatives menées par la profession et renforcées par celles de la place financière française, le Label ISR occupe désormais une place centrale dans l'univers de la finance durable. Il offre aux investisseurs et épargnants une meilleure visibilité sur les produits ISR. L'obtention du Label est subordonnée au respect de la conformité des produits à un référentiel exigeant et précis, garantissant que leur gestion s'appuie sur des méthodologies solides avec un engagement de transparence fort et une information de qualité ». *Source : AFG*

En juin 2022, 1 052 fonds (contre 321 en 2019) ont reçu le Label ISR pour des encours de 683 milliards d'euros (contre 121 milliards) gérés par 179 sociétés de gestion (contre 179 en 2019). À fin 2022, on comptait 1 134 fonds labellisés pour des encours de 753 milliards d'euros.

Qu'est-ce que la notation extra-financière ?

Vigeo rating mesure les performances Environnementales, Sociales et de Gouvernance (ESG) des entreprises, des États et des organismes publics.

Si l'on reprend les éléments fournis par Vigeo, les opinions indépendantes apportent un éclairage expert sur des facteurs de risques ou d'avantages compétitifs, en complément des analyses comptables et financières traditionnelles des investisseurs. Elles permettent de mieux apprécier la valeur du capital immatériel des émetteurs (réputation, capital humain, innovation...) et leur potentiel de création de valeur durable.

Depuis 2019, Vigeo Eiris a été rachetée par Moody's et se nomme désormais Moody's V.E.

Source : Vigeo

Qu'est-ce que l'article 173 ?

L'article 173 de la Loi sur la transition énergétique du 17 août 2015 oblige les investisseurs institutionnels à publier les informations quant à l'intégration des critères ESG dans leurs décisions d'investissement.

Cinq ans après sa promulgation, Novethic note que des efforts ont été faits même s'il n'y a pas encore de normalisation du reporting par manque de convergences des méthodologies. L'étude note, à titre d'exemple, que 55 méthodes sont utilisées pour mesurer l'empreinte carbone.

On remarquera enfin que, depuis le 10 mars 2021, remplacé par le règlement « disclosure » qui établit un standard commun à tous les pays de l'Union pour le reporting sur les produits financiers.

Le SFDR – Sustainable Finance Disclosure Regulation

Le règlement SFDR (UE n° 2019/2088) dit « Disclosure » a pour objet d'harmoniser les règles de transparence (périodique, précontractuelle et permanente) en matière de durabilité pour l'ensemble des acteurs financiers. Il entre en vigueur en trois temps : 10 mars 2021, 1er janvier 2022 et 1er janvier 2023.

Précisément, pour les éléments entrés en vigueur en mars 2021, on note la définition de deux nouvelles catégories de produits : ceux promouvant des caractéristiques environnementales et/ou sociales (dits « article 8 ») et ceux ayant pour objectif l'investissement durable (produits dits « article 9 »).

La CSRD – Corporate Sustainability Reporting Directive

La CSRD, remplaçant la NFRD – *Non financial reporting directive*, s'applique progressivement à partir du 1er janvier 2024. Elle a pour but de renforcer le niveau d'exigences en termes de reporting de durabilité, tout en harmonisant le reporting et en améliorant la qualité des données ESG.

Les éléments nouveaux sont les suivants :

– une application étendue à l'ensemble des entreprises cotées sur les marchés réglementés européens ;

– un renforcement et une standardisation des obligations de reporting (information à publier sur les risques, opportunités et impacts matériels en rapport avec les questions ESG, selon le principe de double matérialité*) ;

– une localisation unique : le reporting de durabilité sera publié dans une section dédiée du rapport de gestion ;

– un format obligatoirement digital ;

– une vérification obligatoire de l'information par un commissaire aux comptes ou un tiers indépendant.

* On entend par **double matérialité**, la conjonction de la matérialité financière et de la matérialité socio-environnementale ou d'impact : la première (*outside-in*) prend en compte les impacts positifs et négatifs de l'environnement sur l'entreprise ; la seconde (*inside-out*) prend en compte les impacts positifs et négatifs de l'entreprise sur l'environnement économique, social et naturel.

Matérialité financière et matérialité environnementale et sociale dans le cadre européen de reporting : *l'exemple du climat*

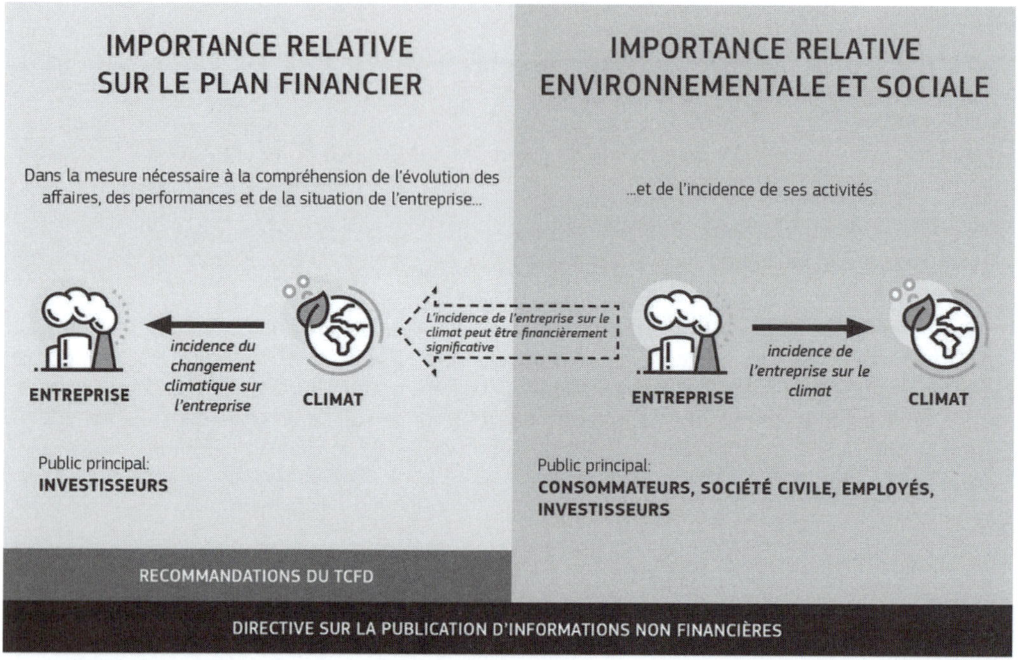

* *L'importance relative sur le plan financier s'entend ici au sens large de l'impact sur la valeur de l'entreprise, et pas seulement de l'impact sur les données financières comptabilisées dans les états financiers.*

Source : Communication de la commission – Lignes directrices sur l'information non financière – Supplément relatif aux informations en rapport avec le climat (2019/C 209/01)

■ *L'*impact investing

On peut définir l'***impact investing*** comme étant une stratégie d'investissement cherchant à concilier le retour sur investissement social et/ou environnemental d'une part et le retour sur investissement financier d'autre part. Le terme de « *impact investing* » revient à la fondation Rockefeller qui, pour différencier ce concept de ceux d'investissement responsable et de philanthropie.

Investissement responsable : *des stratégies d'exclusion à la recherche d'impact*

Investissement classique	**Éthique/Exclusions Sélection négative**	**Investissement responsable Prise en compte de critères ESG**	**Investissement à impact**
Retour sur investissement **Sans prise en compte des critères ESG**	- Tabac, alcool, armes… - Charbon, gaz de schiste - Notes ESG insuffisantes	- Stratégies best-in class - Engagement actionnarial - Investissements thématiques ESG (cleantech…)	Recherche d'un **impact E ou S** positif **ET** d'un **retour financier**

Source : J. Ansidei, N. Leandri, La finance verte, 2021, La Découverte

Focus : les principes de l'Impact Investing

En France, selon l'AFG, l'encours des fonds à impact s'élève à 60 Mds€ à fin 2021, soit près de 3 % de l'encours responsable en France.

IMPACT INVESTING (FINANCE À IMPACT)

Investissement réalisé avec l'intention de générer un retour positif, ayant un impact social et/environnemental, tout en assurant un rendement (GIIN)

↓

Définition assise sur trois principes

INTENTIONALITÉ

Volonté intentionnelle de l'investisseur de contribuer à générer un bénéfice social/environnemental mesurable

Intention = celle de tous les investisseurs et déclarée ex-ante

ADDITIONALITÉ

Action ou contribution directe de l'investisseur au financement d'une entreprise/projet avec impact positif

« *si l'actif n'avait été financé par cet investisseur en particulier quelle serait la différence ?* »

Matérialise l'intentionnalité

Elle est financière (finance des actifs peu couverts par les marchés) et/ou extra-financière (accompagne projets avec impacts)

MESURABILITÉ

Évaluation des externalités sociales et/ou environnementales

Externalité positive ou diminution d'externalité négative

■ *Les* green bonds

Une ***green bond, obligation verte***, est un titre émis par une entreprise privée ou publique à des fins de financement de projets verts (énergies renouvelables, efficacité énergétique...).

L'émetteur s'engage sur l'usage des fonds collectés qui financeront obligatoirement des projets à impact favorable à l'environnement ; il est en outre tenu de publier sur l'état d'avancement desdits projets.

La première obligation verte a été émise en 2001 par la ville de San Francisco pour financer l'énergie solaire.

L'ICMA – *International Capital Market Association* – recense quatre types d'obligations vertes :

- les *Green use of proceeds bonds* : titres de créances ordinaires avec possibilité de recours général sur l'émetteur (ex : les obligations climatiquement responsables émises par la Banque Européenne d'Investissement) ;
- les *Green use of proceeds revenue bonds* : titres assortis de la garantie de paiement des sommes dues limitée à certaines sources de revenus de l'émetteur qui peuvent être préexistantes au projet (ex : les obligations adossées aux redevances de facture d'électricité pour financer des travaux d'infrastructures vertes émises par l'État d'Hawaï) ;
- les *Green use of proceeds project bonds* : permettant un recours uniquement sur les actifs du (des) projet(s) concerné(s) (ex : obligations émises pour financer le projet photovoltaïque Luz del Norte au Chili) ;
- les *Green securitized bonds* : le recours porte sur un ensemble de projets isolés dans un fonds de titrisation, générant des flux destinés au paiement de l'obligation. (ex : Toyota Financial Services a titrisé les crédits à la consommation pour financer des achats de véhicules électriques Toyota).

Exemples

Le 22 février 2017, la Caisse des Dépôts et Consignations a émis une obligation verte de 500 millions d'euros, à échéance 2022, au prix de 99,98 euros pour financer des projets immobiliers dotés d'un label environnemental et des infrastructures de production d'énergie renouvelable.

Le 24 janvier 2017, l'État français a émis sa première obligation verte pour 7 milliards d'euros, de maturité de 22 ans, au taux de 1,75 %, soit un taux quasi-identique à celui des OAT classiques. L'émission a été sursouscrite à hauteur de 23,5 milliards d'euros.

Le 23 mai 2019, la Société du Grand Paris a émis une troisième obligation verte pour un montant de 1 milliard d'euros (émission sursouscrite à hauteur de 3 milliards), échéance 25 mai 2050. Les deux précédentes émissions étaient de 1,75 mds€ en octobre 2018 pour une durée de 10 ans et de 2 mds€ en mars 2019 pour une durée de 20 ans.

Le 14 août 2019, SNCF Réseau émettait la première *Green Bond* au monde de maturité 100 ans (coupon 1,425 %). Au total, l'encours des *green bonds* de la SNCF s'établit en 2019 à 5,4 milliards d'euros.

Enfin le record mondial appartient à Engie, premier émetteur corporate avec un encours total de 8,75 milliards d'euros.

Fin 2021, l'encours des *green bonds* était de 1 600 milliards de dollars dans le monde, avec un total de 522,7 milliards de dollars d'émission (dont 36 pour la France). Le lecteur se reportera aux paragraphes sur les OAT pour un aperçu sur les OAT vertes.

Enfin, on notera que la prise de conscience du financement de la transition énergétique tend à se généraliser à tous les pays occidentaux, l'Allemagne envisage par exemple d'établir une courbe de taux verte.

Focus sur un produit vert proposé aux investisseurs privés

Depuis janvier 2021, BPE (la banque privée de la Banque Postale) propose BPE Green France 2031 à ses clients, pour un montant minimum à investir de 1 000 euros pour une durée conseillée de 10 ans. Les fonds sont alloués à des financements de projets amenant à la baisse des émissions de CO_2, notamment via la mobilité durable. Le produit suit l'indice Euro Green Planet France Decrement 5 %, regroupant les 35 plus entreprises françaises orientées vers cette stratégie de réduction des émissions.

Le mécanisme est le suivant :

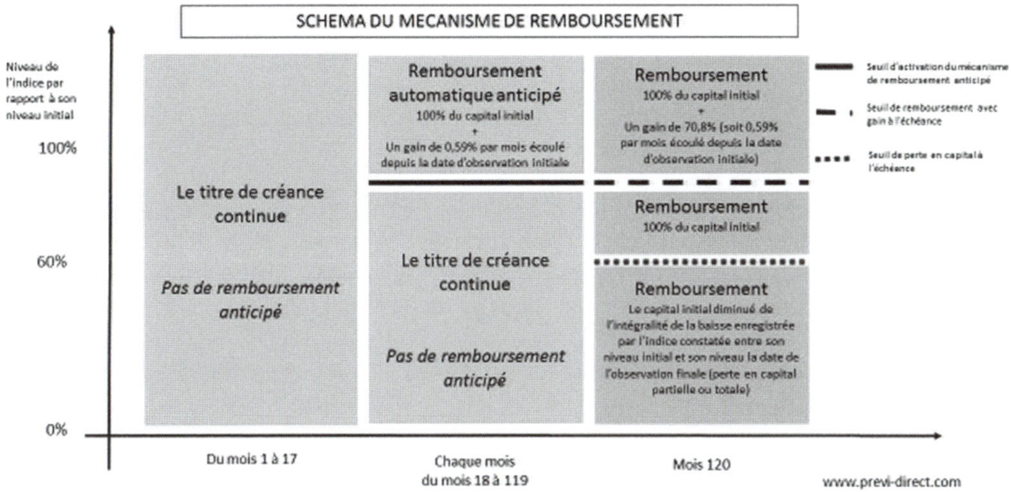

« L'investissement est d'une durée de 10 ans maximum, le gain potentiel et le niveau de remboursement dépendent de l'évolution de l'indice Euronext Green Planet France Decrement 5 %, dividendes nets réinvestis minorés d'un montant forfaitaire de 5 % par an (appelé "l'Indice"). Un mécanisme de remboursement anticipé du capital est activable automatiquement des mois 18 à 119, si la performance de l'Indice par rapport à son Niveau Initial est positive ou nulle. Un mécanisme de remboursement anticipé automatique du capital est également assorti d'un gain plafonné à 0,59 % par mois écoulé (soit 7,08 % par année écoulée) depuis la Date d'Observation Initiale, si la performance de l'Indice par rapport à son Niveau Initial est positive ou nulle à l'une des Dates d'Observation Mensuelle. En l'absence de remboursement anticipé automatique, à l'échéance des 10 ans, si l'Indice n'a pas baissé de plus de 40 % par rapport à son Niveau Initial, l'investisseur reçoit l'intégralité du capital. En l'absence de remboursement anticipé automatique, à l'échéance des 10 ans, si l'Indice a baissé de plus de 40 % par rapport à son Niveau Initial, l'investisseur est exposé à un risque de perte en capital partielle ou totale ».

Les sustainability linked bonds

Le principe des SLB – *sustainability linked bonds* – repose sur l'engagement de l'émetteur à satisfaire des objectifs durables prédéfinis. Si ces objectifs ne sont pas atteints, le taux d'intérêt servi aux investisseurs sera augmenté.

La première émission de SLB fut celle de l'entreprise italienne Enel en septembre 2019 pour 1,5 milliard de dollars sur 5 ans au taux de 2,625 %. En termes de durabilité, l'émetteur s'engage sur une production de 55 % via les énergies renouvelables. En cas de non-respect, le taux augmentera de 25 points de base.

En décembre 2020, Schneider Electric a émis la première obligation convertible (OCEANE) durable pour 650 millions d'euros (échéance 2026, remboursement au pair en cas de non-conversion).

On notera que l'entreprise avait, au préalable, adopté une « raison d'être » permise par la loi PACTE. Plus précisément, le contrat d'émission de la SLB fait état de trois indicateurs de performance :

- accompagner les clients afin qu'ils économisent ou évitent 800 mégatonnes d'émissions de CO_2 ;
- accroître la diversité femme / homme, de l'embauche juniors et intermédiaires aux équipes de dirigeants ;
- former 1 million de personnes défavorisées à la gestion de l'énergie.

Si l'entreprise n'atteint pas la note de 9/10 sur la moyenne des 3 indicateurs au 31 décembre 2025, une pénalité de 0,50 % de la valeur nominale de l'OCEANE sera appliquée.

L'émission a été souscrite à hauteur de 107,75 % du nominal, amenant un rendement hors pénalité de -1,33 %, avec une prime de conversion comprise entre 45 et 50 %.

En février 2021, H&M a émis un emprunt SLB pour 500 millions d'euros, au taux de 0,25 % sur une durée de 8,5 années avec pour objectif une augmentation de l'utilisation de matériaux recyclés de 30 % et une diminution de 20 % des émissions de gaz à effet de serre.

En avril 2022, Pernod-Ricard a émis une obligation SLB pour 750 millions d'euros, à échéance avril 2029 et au taux de 1,375 %. L'obligation est indexée sur deux engagements environnementaux : réduction des émissions de gaz à effet de serre et diminution de la consommation d'eau par unité d'alcool produite dans ses distilleries.

Le Label Greenfin

Le Label Greenfin est le premier label d'État dédié à la finance verte, en remplacement du Label « Transition énergétique et écologique pour le climat » lancé en 2015. Il s'appuie sur un comité du Label dédié qui détermine les orientations du dispositif et surveille le processus de labellisation et son évolution.

On notera que le Comité du label et les pouvoirs publics (propriétaires du label) ne délivrent pas eux-mêmes le label ; ce rôle est strictement celui du labellisateur. En outre, un audit de labellisation des fonds est assuré par des tiers indépendants qui instruisent les dossiers de candidature des fonds à la labellisation transmis par les sociétés de gestion ; le label est ensuite accordé – ou non – en toute indépendance.

■ *La taxonomie européenne*

Le 18 juin 2020, le Parlement européen a adopté le texte relatif à la taxonomie des activités vertes ; le même jour, était publié le règlement (UE) 2020/852 faisant état d'un cadre pour favoriser les investissements durables.

Une taxonomie est une classification d'éléments, se référant à un domaine ou une activité, présentés sous forme de listes. L'objet, présentement, est d'établir un langage commun à l'ensemble des pays avec une série d'objectifs environnementaux à partir desquels une activité est dite durable dès lors qu'elle remplit au moins un objectif sans nuire à aucun autre.

Les objectifs sont les suivants (*source : AFG*) :

- atténuation du changement climatique et adaptation à celui-ci ;
- utilisation durable et protection de l'eau et des ressources marines, transition vers une économie circulaire, notamment la prévention des déchets et l'augmentation de l'utilisation des matières premières secondaires ;
- prévention et contrôle de la pollution ;
- protection et restauration de la biodiversité et des écosystèmes.

La taxonomie concernant les deux premiers objectifs est établie depuis fin 2020 ; pour les autres objectifs, la taxonomie a été appliquée les deux années suivantes.

Dans la pratique, les fonds évaluent l'atteinte des objectifs par les entreprises dans lesquels ils investissent puis établissent le pourcentage d'alignement de leur portefeuille pour calculer un pourcentage final d'alignement de leur portefeuille global.

Focus : Exemple d'application de la taxonomie pour un fonds actions

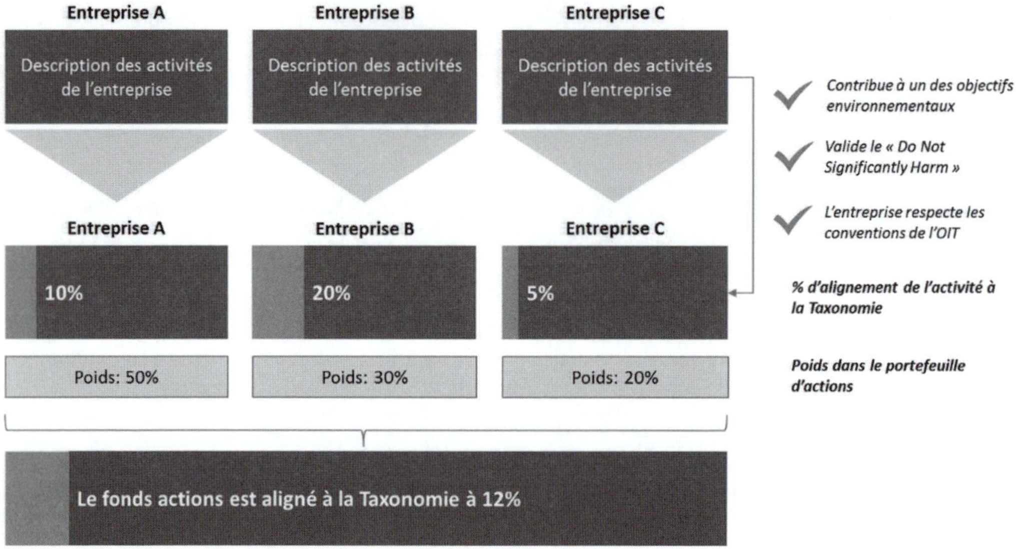

Source : https://indeed.ailancy.com/2020/06/03/la-taxonomie-europeenne-une-revolution-pour-la-finance-durable/

Chapitre 3

Comment négocie-t-on ?

Pour investir en Bourse, un épargnant doit ouvrir un compte-titres auprès d'un intermédiaire financier, puis passer des ordres d'achat ou/et de vente sur les marchés de cotation de la Bourse de Paris.

1 La notion de compte-titres

Les titres ont été dématérialisés en France le 3 novembre 1984. Les titres papiers ont donc disparu et les valeurs mobilières circulent obligatoirement sous la forme scripturale par débit et crédit d'un compte-titres.

En conséquence, avant tout investissement en Bourse, il convient d'ouvrir un compte-titres auprès d'un intermédiaire.

Sur ce compte-titres, appelé parfois portefeuille-titre, les achats sont comptabilisés au crédit et les ventes au débit, valeur par valeur. Selon une périodicité donnée, l'intermédiaire envoie au titulaire le relevé de son compte-titres et, à chaque opération effectuée en bourse, il lui envoie un avis d'opéré faisant état des conditions d'exécution des ordres.

Deux possibilités s'offrent aux investisseurs : ouvrir un compte-titres ordinaire ou un compte-titres dans le cadre d'un PEA, les deux formules étant cumulables (cf. § 5, chapitre 5).

À l'instar du compte-chèques, un compte-titres peut être conjoint. Il peut également être ouvert au nom d'un mineur sous la responsabilité de son représentant légal.

Le compte-titres ordinaire peut accueillir tous types de valeurs mobilières (actions, obligations, part d'OPCVM...) sans limite de nombre ni de montant ; par contre, en aucun cas un compte-titres ne peut être débiteur.

2 La forme des titres

Les valeurs mobilières peuvent revêtir différentes formes de titres choisies par l'émetteur.

Les titres au porteur

Les détenteurs de titres au porteur ne sont pas connus de l'émetteur, les titres sont dits occasionnellement nominatifs parce que le détenteur, à son gré, peut demander à être connu de l'émetteur.

Les titres nominatifs

Les détenteurs de titres nominatifs sont, dans leur intégralité, connus de l'émetteur. Les titres sont dits essentiellement nominatifs.

Leur mode de circulation est plus complexe que celui des titres au porteur : à chaque négociation – à chaque changement de titulaire –, l'émetteur en est informé par des bordereaux de références nominatives qui transitent par le dépositaire central – Euroclear France.

Les détenteurs peuvent faire gérer leur compte-titres directement chez l'émetteur (nominatif pur) ou chez un intermédiaire de leur choix (nominatif administré).

Les titres ayant la forme de nominatif pur sont inscrits auprès de l'émetteur et en compte chez l'intermédiaire de l'émetteur. Ceci oblige alors le détenteur à disposer d'autant de comptes qu'il a de valeurs pour lesquelles les titres sont inscrits en nominatif pur. Les titres ayant la forme de nominatif administré sont également inscrits après de l'émetteur mais inscrits en compte d'un intermédiaire choisi par le détenteur lui-même ; on parle alors de compte « reflet ».

Les titres au porteur identifiable

Toute société désirant opter pour cette forme de titres peut le faire aisément, à condition de le stipuler dans ses statuts.

Les négociations s'effectuent sous la forme porteur, mais l'entreprise peut demander, autant de fois qu'elle le désire, à connaître son actionnariat. Pour cela, elle fait une demande à Euroclear qui répercute ladite demande aux teneurs de comptes-titres. En retour, Euroclear traite l'information, c'est-à-dire consolide les comptes et occulte le nom des intermédiaires, avant de la renvoyer à l'entreprise. Le coût du traitement TPI est dû, en partie, aux intermédiaires, mais surtout à l'émetteur.

Fin 2011, Euroclear et Capital Precision (spécialiste de l'identification des actionnaires) ont signé un accord pour améliorer la procédure de connaissance de l'actionnariat, tout particulièrement pour la gestion des références des actionnaires non-résidents.

3 Les différents ordres de Bourse

Une fois le compte-titres ouvert, les ordres peuvent être passés.

On recense les ordres suivants :

– ***ordre au marché*** : il est prioritaire sur tout autre ordre. L'investisseur est donc assuré de l'exécution totale de son ordre s'il y a cotation, mais ne dispose d'aucune maîtrise sur le prix. À l'ouverture, l'ordre est exécuté au cours d'ouverture ; en cours de journée, il est confronté aux ordres restants jusqu'à exécution complète ;

– ***ordre à cours limité*** : l'ordre est donné avec une limite de prix (plafond pour un ordre d'achat et plancher pour un ordre de vente). Il permet donc de maîtriser le prix d'exécution mais son exécution peut être partielle car l'ordre ne sera pas exécuté tant que le cours n'est pas inférieur (supérieur) à la limite fixée pour un achat (une vente) ;

– ***ordre stop*** : l'ordre se déclenche lorsqu'une limite de prix est atteinte (limite à la hausse pour un achat, à la baisse pour une vente). Un ***ordre à seuil de déclenchement*** (dit « stop loss ») se transforme automatiquement en un ordre au marché pur dans le carnet d'ordres central. Un ***ordre à plage de déclenchement*** (dit « stop limit ») si transforme automatiquement en un ordre à cours limité ;

– ***ordre indexé*** : c'est un ordre d'achat ou vente pour une certaine quantité de titres à un cours limité qui suit en permanence la meilleure demande ou meilleure offre dans le carnet d'ordres, à l'identique ou avec un écart automatique. Ceci signifie qu'à chaque mise à jour automatique de la limite, l'ordre indexé est assorti d'une nouvelle priorité horaire. Le donneur d'ordre peut le paramétrer comme un ***ordre indexé primaire*** (la limite de cours est constamment mise à jour pour s'ajuster la demande dans le cas d'un achat, à l'offre dans le cas d'une vente) ou comme un ordre indexé au marché (la limite de cours est constamment mise à jour avec imputation obligatoire d'un écart sur l'offre du moment dans le cas d'un achat, ou sur la demande du moment dans le cas d'une vente) ;

– ***ordre en milieu de fourchette*** : il sera exécuté au milieu de la fourchette constituée de la meilleure demande et de la meilleure offre au moment de son arrivée dans le carnet d'ordres.

■ *Comment libeller un ordre ?*

L'ordre doit stipuler :

– le nom de la valeur et son code ISIN ;

– le sens de l'opération (achat/vente) ;

– la quantité de titres ;

– le mode de règlement (comptant ou règlement différé) ;
– le type d'ordre ;
– la date de validité : validité jour pour un ordre valable pour une journée seulement, daté pour un ordre valable jusqu'à une date donnée, ou à révocation pour un ordre valable jusqu'à son exécution (365 jours maximum) ; après expiration des périodes de validité susnommées, l'ordre est automatiquement éliminé de la plate-forme boursière.

■ *Les marchés de cotation de la Bourse de Paris*

Toute place financière propose à ses émetteurs différents marchés de cotation.

En Bourse de Paris, on dénombre 3 marchés :
– Euronext ;
– Euronext Growth (ex-Alternext) ;
– Euronext Access (ex-Marché Libre).

Chaque marché a ses contraintes pour les émetteurs, comme indiqué dans le tableau ci-dessous :

	Marchés de cotation			
	Eurolist	**Euronext Growth**		**Marché Libre/ Euronext Access**
Nature	Réglementé	Non réglementé Régulé		Non réglementé Organisé
Entreprises	Blue chips et valeurs moyennes	PME		Petites entreprises
Demandeur de l'admission	Émetteur	Émetteur	Émetteur et/ou actionnaire	
Méthode d'introduction	Appel public à l'épargne, augmentation de capital	Appel public à l'épargne	Placement privé (5 M€ auprès d'au moins 5 investisseurs qualifiés)	Appel public à l'épargne (APE) ou non
Diffusion minimale de titres	25 % capital ou 5 % capital représentant au moins 5 M€	Pas % mini Au moins 2,50 M€	Pas de diffusion	Pas de minimum

Document à rédiger	Prospectus	Prospectus	ouverture circular	Si APE : Prospectus Sinon : néant
Visa AMF	Obligatoire	Obligatoire	Non	Obligatoire si APE
Listing sponsor	Non	Oui	Oui	Non
Historique des comptes	3 années de comptes certifiés + derniers comptes semestriels si admission + 9 mois après clôture	2 années de comptes + dernier exercice certifié + comptes intermédiaires si admission + 9 mois après clôture		2 ans si ancienneté le permet
Normes comptables	IFRS obligatoires	Françaises		Françaises
Décision d'admission	Conseil administration Euronext	Conseil administration Euronext		Droit opposition d'Euronext possible
Information à publier	Comptes annuels et semestriels audités + CA trimestriels publiés au BALO	Comptes annuels audités et semestriels non audités sur site entreprise et Euronext		Informations requises par le droit des sociétés seulement
Franchissements de seuils à déclarer	5 %, 10 %, 20 %, 33 %, 50 %, 66 % du capital et/ou des droits de votes	50 % et 95 % du capital		Aucun
Garantie de cours	Oui	Oui		Possible mais non si changement obligatoire au bénéfice de contrôle des minoritaires
Cotation	Valeurs à transactions > 2 500 par jour : 9 heures – 17 h 30 Autres : fixing à 10 h 30 et 16 heures	Valeurs à transactions > 2 500 par jour : 9 heures – 17 h 30 Autres : fixing à 15 h 30		Fixing à 15 heures

Euronext (ex-Eurolist) est le marché phare de la Bourse de Paris, il accueille les grosses capitalisations, appelées « Blue chips » à l'international. Mais conçu au départ, en 2005, comme la liste unique d'Euronext, il est ouvert à toute entreprise, de toute taille et de toute nationalité, il accueille également des petites et moyennes capitalisations.

Les sociétés y sont classées par ordre alphabétique pour offrir une plus grande lisibilité aux investisseurs.

Elles sont néanmoins identifiables par un critère de capitalisation :

– compartiment A (grandes valeurs) : > 1 milliard d'euros ;
– compartiment B (moyennes valeurs) : de 150 millions à 1 milliard d'euros ;
– compartiment C (petites valeurs) : < 150 millions d'euros.

Au-delà de cette identification par capitalisation, une entreprise cotée sur Euronext peut demander à appartenir à l'un des deux segments qu'Euronext a créé :

– Next Economy dédié aux valeurs de la nouvelle économie ;
– Next Prime dédié aux valeurs de l'économie traditionnelle.

Euronext Growth (ex-Alternext ouvert le 17 mai 2005) est un marché, s'appelant comme tel depuis le 17 mai 2017, destiné aux PME. Il est non réglementé mais organisé et régulé par Euronext.

Il a été créé pour offrir une alternative aux entreprises moyennes qui désirent faire appel public à l'épargne sans être soumises aux contraintes d'Euronext. Il se positionne comme un intermédiaire entre le capital-risque et le marché réglementé.

Afin d'inciter les PME à faire appel public à l'épargne, Euronext a créé une structure particulière : Enternext pour assister les entreprises dont la capitalisation boursière est inférieure à 1 milliard d'euros.

Le marché libre/Euronext Access est un marché non réglementé, n'offrant donc aucune garantie aux investisseurs potentiels. En effet, aucune modalité n'est obligatoire quant aux franchissements de seuils, il n'existe pas de procédure de garantie de cours. Les ordres sont confrontés lors d'un fixing quotidien.

■ *Les horaires de cotation et les seuils de réservation*

a) Organisation d'une journée boursière en continu sur Euronext

Une séance de bourse se décompose en une séance de pré-ouverture, une ouverture, une séance de cotation en continu et une séance de pré-clôture :

– ***pré-ouverture*** : 7 h 15 – 9 heures. Les ordres transmis en bourse s'accumulent sur la feuille de marché, sans qu'il y ait transactions. Son objectif est simplement de modifier les cours par rapport à ceux de la veille. En l'absence de séance de pré-ouverture, le cours d'ouverture serait strictement identique au cours de clôture, et ce pour chaque valeur ;

- *ouverture* : 9 heures. La Bourse ouvre pour l'ensemble des valeurs cotées. Le système informatique calcule le cours d'ouverture sur chaque valeur, cours d'équilibre entre les ordres d'achat et les ordres de vente permettant de maximiser le nombre de titres échangés ;
- *séance de bourse* : 9 heures – 17 h 30. Le marché fonctionne en continu, ce qui signifie que l'arrivée de tout nouvel ordre provoque instantanément une ou plusieurs transactions, s'il existe la contrepartie sur la feuille de marché ;
- *séance de pré-clôture* : 17 h 30 – 17 h 35. Pour les valeurs les plus liquides, il existe un fixing de clôture, permettant une confrontation des ordres d'achat et vente pendant 5 minutes supplémentaires.
  Le *fixing* de clôture est le cours déterminé à 17 h 35 ;
- *séance de négociation au dernier cours* : 17 h 35 – 17 h 40. Les opérateurs entrent des ordres au dernier cours (TAL-*Trading at last*) qui seront exécutés s'il y a contrepartie en attente à ce cours.

b) Le fixing pour les autres valeurs

Le double fixing a lieu à 11 h 30 et 16 h 30 en cours de séance et les négociations au dernier cours (TAL) ont lieu de 11 h 30 à 12 heures pour le matin et de 16 h 30 à 17 heures pour l'après-midi.

Le simple fixing s'effectue à 15 heures et la négociation au dernier cours (TAL) a lieu entre 15 heures et 15 h 30.

Le déroulement d'*une journée pour les cotations au fixing se présente* de la manière suivante :

- *pré-ouverture* : 7 h 15 – 11 h 30. Les ordres s'accumulent sans transaction ;
- *fixing d'ouverture* : 11 h 30. Détermination du cours auquel les titres s'échangent ;
- *négociation au dernier prix* : 11 h 30 – 12 heures Les opérateurs entrent des ordres au cours de 11 h 30 qui seront exécutés s'il y a contrepartie en attente à ce cours ;
- *pré-clôture* : 12 heures – 16 h 30. Les ordres s'accumulent sans transaction ;
- *fixing de clôture* : 16 h 30. Détermination du cours auquel les titres s'échangent ;
- *négociation au dernier prix* : 16 h 30 – 17 heures Les opérateurs entrent des ordres au cours de 11 h 30 qui seront exécutés s'il y a contrepartie.

Quel que soit le mode de cotation, des seuils de réservation ont été imposés sur Euronext. Appelée communément coupe-circuits, la réservation consiste en un arrêt momentané des cotations, dès lors qu'un cours a franchi un certain pourcentage, afin de « calmer » le marché et ses opérateurs.

Il existe ***deux seuils de réservation*** :

- ***le seuil de réservation statique*** consiste à suspendre les cotations lorsque le cours enregistre une variation de +/– 10 % par rapport au cours de référence (cours d'ouverture). Pour les valeurs cotant en continu, une réservation est opérée sur 4 minutes après une période de gel n'excédant pas 1 minute. Puis la cotation reprend après un fixing et un nouveau cours de référence est calculé.
  Les réservations sont sans limite et, après franchissement de 2 seuils statiques, Euronext s'autorise la prolongation de la période de réservation en fonction de l'état du carnet d'ordres ;
- ***le seuil de réservation dynamique*** est calculé par rapport au dernier cours de référence et s'établit à +/– 2 % pour les valeurs les plus liquides, et +/– 5 % pour les autres valeurs. La durée de réservation est de 4 minutes suivie d'un *fixing*.

4 Le cas particulier du SRD

Le SRD – Service à Règlement Différé – est une prestation offerte par les intermédiaires financiers aux investisseurs qui désirent différer le règlement-livraison des transactions en fin de mois boursiers.

Il est offert sur certaines valeurs dites éligibles à ce service. Ces valeurs sont celles qui disposent d'une capitalisation boursière minimale d'un milliard d'euros et d'un volume de transaction quotidien supérieur à 1 million d'euros, elles sont clairement identifiées comme telle sur la cote.

Le dénouement s'effectue en fin de mois boursier, au jour de la liquidation, soit le 5e jour de bourse avant le dernier jour du mois boursier inclus. L'investisseur individuel reçoit ou livre ses titres et règle ou reçoit ses espèces le dernier jour de bourse ; le transfert de propriété a donc lieu ce dernier jour de bourse.

Le SRD permet de vendre ou d'acheter à découvert selon ses anticipations, comme indiqué dans l'exemple d'une vente à découvert ci-après :

Exemple

Soit un investisseur qui passe un ordre de bourse à règlement différé en date du 5 mai pour 10 actions au cours de bourse de 50 €.

L'ordre est exécuté en bourse.

L'investisseur est donc vendeur sur cette valeur et devra se couvrir avant la veille du jour de liquidation fixé au 25 mai.

Il a spéculé à la baisse, escomptant racheter des titres à un cours inférieur à 50 €.

Si ces anticipations s'avèrent bonnes, il achète en date du 18 mai par exemple, 10 actions au cours de 48 €.

Le jour de la liquidation boursière, son compte-titres est approvisionné à hauteur de 10 actions. Le dénouement peut être effectué. Son compte-titres est crédité de 10 titres en date de valeur du 18 mai, et débité de 10 titres en date de valeur du 5 mai ; son solde est nul. Son compte-espèces est débité pour la contre-valeur de 480 € (10 × 48 €) et crédité de 500 € (10 × 50 €) ; sa plus-value ressort, hors frais, à 20 €.

Si ces anticipations s'avèrent mauvaises, deux solutions se présentent à lui : il achète au-dessus de 50 € et encaisse une moins-value, ou il demande à reporter sa position à la liquidation suivante. Cette demande de prorogation, possible jusqu'au jour de liquidation inclus, se fait auprès de l'intermédiaire financier qui se garde la faculté de la refuser. Et le report à un coût qui s'appelle le taux de report appliqué à la capitalisation boursière de l'ordre au cours de compensation et proraté.

Exemple de report :

En reprenant les données ci-dessus, la situation de report se présente comme suit :

Date	Opération	Calculs
5 mai	Vente de 10 actions à 50 €	10 × 50 = 500 €
24 mai	Report des actions Cours de compensation : 49,20 €	Crédit : 10 × (50 – 49,20) = 8 € Frais de report (taux de report 3 %) : (10 × 49,20 € × 3 × 1 / 12) / 100 = 1,23 €
13 juin	Achat de 10 actions à 48,50 €	Débit : 10 × 45,50 = 455 €
Bilan de l'opération (hors frais)	Plus-value	500 + 8 – 1,23 – 455 = 51,77 €

Pour éviter tout risque d'insolvabilité, les intermédiaires requièrent un dépôt de garantie ; celui-ci est de :

– 40 % de la capitalisation boursière de l'ordre si le dépôt est fait sous forme d'actions ou d'OPCVM actions ;

– 25 % sous forme d'obligations ou d'OPCVM obligations, 20 % sous forme d'espèces ou d'OPCVM monétaires.

Par ailleurs, le SRD peut être refusé par l'intermédiaire, le refus est argumenté par une surface financière trop limitée (même si le client dispose du dépôt de garantie) ; certains intermédiaires (ex. : Banque Postale) refusent à quiconque le SRD. Chez tous les intermédiaires, le service est impossible dans le cadre d'un PEA.

Enfin, le SRD donne lieu à un surcoût appelé CRD – Commission de règlement différé qui s'élève à environ 0,5 % HT par mois.

Notons, qu'il existe également le SRD « long seulement » qui n'autorise que les achats à découvert (long signifiant achat), les valeurs concernées peuvent disposer de critère de liquidité plus souple que pour le SRD classique (le volume minimum d'échanges quotidien est de 100 000 € pour le SRD « long seulement », contre 500 000 € pour le classique).

Focus : le règlement européen en matière de vente à découvert

Le règlement sur les ventes à découvert (*short selling*) est entré en vigueur le 1er novembre 2012. Il met en place un régime de transparence, renforce les exigences en matière de localisation des titres vendus à découvert (pour éviter les défauts de livraison) et interdit les CDS à nu.

Un CDS – *Credit Default Swap* – est une assurance contre le défaut d'un émetteur, il a lieu d'être pour un détenteur d'obligations qui cherche à se couvrir contre le risque de faillite de l'émetteur des obligations. Mais ces CDS étant librement négociables, certains spéculateurs les achètent pour les revendre rapidement sans avoir les obligations en portefeuille mais simplement pour spéculer sur la hausse des cours. L'Europe a donc interdit l'achat de CDS pour les non-détenteurs d'obligations, appelés CDS à nu.

5 Repères historiques sur la Bourse de Paris et son autorité de tutelle

La Bourse de Paris a deux siècles d'existence au cours desquels elle a évolué au gré du développement économique de la France d'une part, et de la conjoncture internationale d'autre part.

Nous retraçons son évolution jusqu'à la création d'Euronext, première bourse supranationale et sa fusion avec Wall Street :

- 1805 : Création de la Bourse sous Napoléon.
- 1826 : Installation de la Bourse au Palais Brongniart.
- 1949 : Création de la Sicovam – Société Interprofessionnelle pour la Compensation des Valeurs Mobilières.
- 1967 : Création de la COB – Commission des Opérations de Bourse –, unification des chambres d'agents de change au profit d'une entité unique commune aux 7 bourses, la Compagnie des Agents de Change.
- 1968 : Création de l'indice général des Agents de Change (Base 100 en 1961).
- 1983 : Ouverture du Second Marché.
- 1986 : Cotation en continu pour 6 valeurs, ouverture du Matif – Marché à Terme International de France.
- 1987 : Suppression de la Corbeille (15 juillet), ouverture du Monep – Marché des Options de Paris.
- 1988 : Création de l'indice CAC 40, réforme des activités de contrepartie, dissolution de la Chambre des Agents de Change, création de la SBF – Société des Bourses Françaises – sous forme de société anonyme, création des sociétés de bourse en lieu et place des charges d'agents de change.
- 1989 : Négociabilité des commissions, fin de la criée.
- 1990 : Démarrage de Relit – Règlement-Livraison de Titres.
- 1991 : Généralisation de la cotation en continu pour l'ensemble des actions, suppression des bourses régionales.
- 1992 : Suppression du numerus clausus pour les charges agents de change devenues des sociétés de bourse.
- 1994 : Retour sur la généralisation de la cotation en continu, rétablissement du fixing pour les valeurs les moins actives.
- 1996 : DSI (Directive européenne sur les Services d'Investissement), fin du monopole de négociation sur valeurs mobilières des sociétés de bourse.
- 1999 : Fusion de la SBF, Matif SA, Monep SA et de la société du Nouveau Marché au profit de Parisbourse SA.
- 2000 : Fusion des Bourses de Paris, Bruxelles et Amsterdam, créant la première Bourse transnationale au nom d'Euronext N. V.

Les principales étapes chronologiques de la première Bourse paneuropéenne sont :

- le 22 septembre 2000 : fusion des Bourses de Paris, Bruxelles et Amsterdam par la naissance d'Euronext N. V.
- le 3 octobre 2000 : Euronext publie ses premiers indices (Euronext 100 et Next 150).
- le 9 janvier 2001 : Euronext lance NextTrack dédié aux fonds indiciels.
- 2001 : Clearnet fusionne avec les chambres de compensation belge et néerlandaise, créant la première chambre européenne de contrepartie et de compensation transfrontalière.
- fin 2001 : mise en place d'une plate-forme unifiée de négociation pour les valeurs mobilières.
- le 8 janvier 2002 : Euronext acquiert le LIFFE devenant Euronext.Liffe.
- le 6 février 2002 : la BVLP (Bolsa de Valores de Lisboa e Porto) rejoint Euronext et devient Euronext Lisbonne.
- fin 2002 : mise en place d'une plate-forme unifiée de négociation pour les produits dérivés.
- 2003 : les marchés dérivés de Bruxelles et Paris basculent sur la plate-forme électronique LIFFE CONNECT.
- 2003 : Clearnet et la London Clearing House annoncent leur fusion, formant le premier groupe de chambres de compensation et contreparties centrales d'Europe.
- le 1er janvier 2006 : Euronext et le New York Stock Exchange annoncent leur fusion. Euronext devient filiale du Groupe Nyse Euronext, et la valeur Nyse Euronext est cotée pour la première fois, simultanément en Bourses de New York et d'Euronext, le 4 avril 2007.
- le 17 février 2011 : Deutsche Börse annonce vouloir fusionner avec Nyse-Euronext.
- le 29 juin 2011 : le projet de concentration est notifié à la Commission européenne.
- le 1er février 2012 : la Commission européenne refuse la fusion.
- le 20 décembre 2012 : ICE – InterContinental Exchange – la bourse de dérivés d'Atlanta, lance une offre de rachat de Nyse Euronext pour 8 Mds€.
- le 12 novembre 2013 : Nyse Euronext passe sous le contrôle de ICE (pour un total au final de 11 Mds$).

  La stratégie d'ICE n'était autre que d'acquérir le savoir-faire d'Euronext-Liffe et l'opérateur américain, né en 2000, ne s'en était jamais caché. Aujourd'hui, il gère 16 marchés mondiaux et 5 chambres de compensation (dont l'une est née en 2012 pour les CDS).

  Euronext a donc été « détaché » du nouveau groupe afin que ce dernier ne conserve que le Liffe.
- le 20 juin 2014 : Introduction d'Euronext en bourse. Euronext est donc de nouveau coté à la Bourse de Paris et dispose d'un pool d'actionnaires stables désireux de rester au minimum trois ans dans son capital, en détenant plus de 33 % et représentatif de son activité paneuropéenne.
- en décembre 2016, Euronext entre, à hauteur de 20 %, au capital d'Euro-CCP, chambre de compensation détenue par ABN Amro Clearing Bank, BATS, DTCC et Nasdaq.

– le 4 avril 2017, face à l'échec de la fusion entre le London Stock Exchange et la Deutsche Börse, Euronext conclut un accord avec ICE pour faire compenser ses produits dérivés par la chambre ICE Clear Netherland. À l'issue de cet accord, les transactions sur actions sont compensées chez Clearnet ou Euro-CCP, celles sur les dérivés le sont chez Ice Clear Netherland.
– le 27 mars 2018, Euronext rachète le Irish Stock Exchange qui devient Euronext Dublin.
– le 18 juin 2019, Euronext rachète la Bourse d'Oslo, déclarant détenir 98 % du capital de la bourse scandinave.
– le 20 octobre 2020, Euronext se porte acquéreuse de Borsa Italiana qui appartenait auparavant au London Stock Exchange (l'acquisition a été approuvée par l'Union européenne le 1er mars 2020).
– en novembre 2021, Euronext a annoncé son plan stratégique 2024 qui repose notamment sur la reprise des activités de Clearing grâce au rachat CC&G. En 2022, l'entreprise de marché déclarait, par le biais de son PDG les priorités suivantes : « Tirer parti de la chaîne de valeur intégrée d'Euronext, grâce à l'expansion européenne des activités de compensation CC&G, à la migration du Core Data Center vers l'Union européenne et à l'expansion internationale de MTS ; Pan-européaniser les CSD d'Euronext grâce à l'expansion des services dans ses quatre CSD au Portugal, en Norvège, au Danemark et en Italie, l'harmonisation des processus et l'amélioration de l'expérience client ; s'appuyer sur le leadership d'Euronext en Europe pour continuer à développer ses principales plateformes de cotation et de négociation, accélérer la fourniture de produits et services innovants grâce à la technologie et développer les services de données avancés, les services aux entreprises et aux investisseurs ; renforcer la finance durable grâce à un engagement climatique ambitieux pour Euronext qui vise à avoir un impact tangible sur ses partenaires et clients, avec le lancement de l'engagement climatique Fit for 1.5°, ainsi qu'à travers une stratégie humaine inclusive renforcée ; et exécuter des fusions et acquisitions créatrices de valeur en continuant à rechercher des opportunités de diversification externe, conformément aux critères d'investissement stricts d'Euronext et à son engagement à maintenir une notation de qualité » (*source : Euronext*).

Finalement, les ***autorités de tutelle de la Bourse de Paris*** sont :
– ***l'Autorité des marchés financiers (AMF)*** assurant un rôle réglementaire et de surveillance de l'appel public à l'épargne ;
– ***Euronext Paris***, entreprise de marché assurant le fonctionnement de la Bourse et l'enregistrement des cotations ;
– ***Euroclear France***, dépositaire central de titres et gestionnaire des systèmes de règlement (livraison de titres).

L'AMF est le gendarme de la Bourse de Paris. Elle a pour mission de veiller à la transparence des marchés pour tout appel public à l'épargne. À cette fin, les émetteurs doivent lui transmettre des informations pour toute opération sur le marché primaire et à périodicité constante ensuite ; elle combat, par ailleurs, les délits d'initié. Il y a délit d'initié lorsqu'un investisseur utilise à des fins personnelles des informations non rendues publiques.

En conséquence, l'AMF :

- contrôle l'information fournie par les émetteurs aux investisseurs, par une procédure de visa qu'elle appose sur les prospectus d'émission établis par les entreprises lorsqu'elles font appel public à l'épargne ;
- autorise la création des Sicav et fonds communs de placement ;
- donne l'agrément aux entreprises d'investissement faisant de la gestion de portefeuille ;
- surveille la régularité des transactions, en combattant notamment les délits d'initiés ;
- dispose de différents moyens pour faire respecter les réglementations ;
- a le pouvoir de refuser son visa ;
- a un pouvoir d'injonction directe, parce qu'elle peut ordonner qu'il soit mis fin à des pratiques contraires à son règlement ;
- a le droit d'agir en justice et dispose d'un pouvoir d'enquêtes.

6 La directive MIF

Le 1er novembre 2007, la Directive sur les marchés d'instruments financiers est entrée en vigueur dans l'ensemble des pays de l'Union européenne.

Elle a pour objet la mise en concurrence de tous les opérateurs boursiers afin de réduire à terme les coûts pour les investisseurs.

Le point crucial de la directive MIF repose sur la suppression du monopole des bourses. Désormais, un ordre peut être exécuté sur Euronext, mais également auprès d'une bourse étrangère, auprès d'une bourse électronique (système multilatéral de négociation) ou auprès d'une banque ayant opté pour le statut d'internalisateur systématique.

Les mots et concepts clés de la MIFID sont les suivants :

- régulation des plates-formes électroniques de négociation : un MTF (*Multilateral trading facility*) est un système informatique de négociation géré par une entreprise d'investissement ou une entreprise de marché permettant l'appariement des ordres d'achat et de vente sur des instruments financiers en vue d'une négociation. On parle d'ATS ou ECN :
  - un ATS (*Alternative trading system*), est un système automatisé d'exécution des ordres qui offre des fonctionnalités de matching et d'exécution reposant sur l'internalisation,

- un ECN (*Electronic communication network*) est un système d'appariement ou de matching automatique des ordres entre acheteurs et vendeurs ;

– internalisation des ordres dans les établissements financiers : un internalisateur systématique est un établissement financier habilité à exécuter directement les ordres de son client, sans passer par le marché réglementé, en trouvant la contrepartie de l'ordre chez un tiers ou chez lui ;

– encadrement du conseil en investissement : on appelle services financiers l'exploitation de plates-formes multilatérales, le conseil en investissements, la réception/transmission d'ordres (la recherche en investissement et l'analyse financière sont des services auxiliaires).
Un CIF – Conseiller en investissements financiers – est une personne physique qui conseille ses clients en investissements sur instruments financiers, sur des services d'investissement ou sur la réalisation d'opérations sur biens divers. Il est contrôlé d'abord par l'AMF, puis par une association professionnelle à laquelle il adhère ;

– passeport européen élargi : les prestataires en services d'investissement sont habilités à offrir leurs services dans les autres États membres ;

– condition de meilleure exécution des ordres : l'obligation de best execution consiste dans l'assurance des meilleures conditions d'exécution des ordres en tenant compte du prix, du coût, de la rapidité et de la probabilité d'exécution et du règlement, de la taille, de la nature de l'ordre ;

– transparence pré- et post-négociation : les marchés réglementés et les MTF doivent publier des informations relatives aux ordres et aux prix proposés selon que le marché est gouverné par les ordres ou les prix, et les internalisateurs seront tenus de publier leur prix à l'achat et à la vente. Après négociation, tous ces opérateurs devront diffuser les prix, volumes et heures de négociation ;

– nouvelle classification des clients : une classification des clients est imposée (clients de détail, professionnels et contreparties éligibles) pour unifier leur protection ;

– prévention des conflits d'intérêts : les notions de compliance, de convenance et de gestion des conflits ont été clairement définies.

L'épargnant classé dans la catégorie « client de détail », la majorité des cas, bénéficie de conseils et d'informations maximum. Dès l'ouverture de son compte-titres, l'intermédiaire financier se doit de lui soumettre sa politique d'exécution des ordres. L'épargnant l'accepte ou, à défaut, donne des instructions spécifiques (exemple : si l'intermédiaire propose différents lieux d'exécution des ordres, le client peut demander que ses ordres soient exécutés sur un lieu donné ; si son gestionnaire de compte-titres est internalisateur systématique, le client doit, s'il le désire, donner un accord explicite d'exécution de ses ordres sur le système interne dudit intermédiaire).

La MIF en schéma expliquée aux particuliers

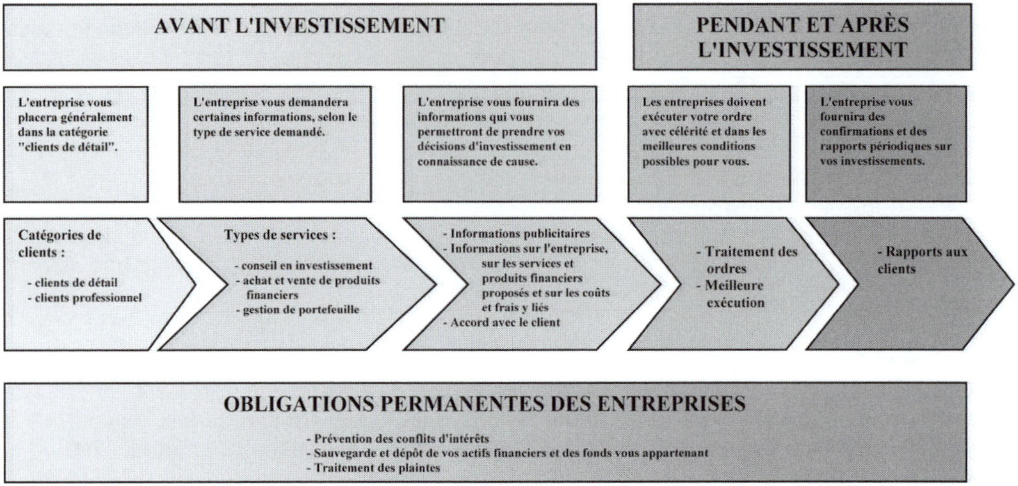

Source : la directive MIF – Guide du consommateur, CESR.

Afin de s'adapter à la MIF, Euronext a créé un système multilatéral de négociation (MTF) Smartpool en partenariat avec BNP Paribas, JP Morgan et HSBC, pour les négociations de blocs. Il est ainsi possible d'y négocier des blocs portant sur 1 000 valeurs cotées sur 15 marchés européens.

7 La MIF II

Le législateur a décidé, dès 2009, de réfléchir à la refonte de la MIF. Le point d'étape de la MIF II établi par l'AMF début 2015 fait état des éléments suivants :

– une transparence accrue pour les ordres et transactions sur les actions ;
– une exécution recentrée des transactions sur actions sur des plateformes organisées (marchés réglementés, systèmes multilatéraux de négociation, internalisateurs systématiques) ;
– une extension de la transparence aux instruments autres que les actions (obligations, dérivés, produits structurés, quotas de CO_2) ;

– une amélioration du processus de formation des prix avec l'extension du régime de transparence à des instruments « assimilés actions » (ex. : ETF) ;
– un encadrement des marchés OTC grâce à une définition de l'OTC et une obligation de négociation des actions sur les marchés réglementés, les systèmes multilatéraux de négociation et les internalisateurs systématiques ;
– un encadrement des dérogations à la transparence pré-négociation par la mise en place d'un double plafond pour les transactions Dark ;
– une meilleure traçabilité grâce à des données plus importantes ;
– un régime harmonisé des pas de cotation ;
– une définition des OTF – *Organized Trading Facilities* (statut offert aux plateformes de trading qui ne se sont pas déclarées internalisateurs systématiques) ;
– une surveillance du trading haute fréquence.

Finalement, la nouvelle réglementation, entrée en vigueur le 3 janvier 2018, a :
– renforcé les exigences de transparence pré et post-trade et les a uniformisées quel que soit le support de négociation ;
– créé le statut d'OTF pour tous les acteurs ou segments non régulés jusque-là, notamment les *dark pools* ;
– régulé davantage les marchés dérivés et accru la transparence sur les marchés de gré à gré ;
– instauré certaines règles sur le trading haute fréquence.

Globalement, l'accord sur lequel les autorités européennes se sont entendues reprend les éléments clés suivants :
– le statut d'OTF devrait à terme améliorer la transparence des échanges sur les marchés OTC, des MTF et autres *dark pools* ;
– la protection des investisseurs devrait être meilleure grâce à un renforcement du principe de best execution ;
– le trading haute fréquence devrait être encadré, il pourrait ainsi être question d'imposer une durée de détention des titres minimale de 500 millisecondes.

Pour tout nouveau produit, les prestataires en services d'investissement devraient mettre en place des règles d'approbation et une politique de commercialisation correspondant à la clientèle.

Enfin, on évoquera le règlement du 2 août 2022, dit MIFID 2 ESG, qui requiert l'intégration des facteurs et objectifs de durabilité à prendre en compte dans les exigences relatives à la gouvernance des produits financiers.

Focus sur le trading haute fréquence (AMF)

Afin d'encadrer et de limiter le trading haute fréquence, la MIF II prévoit les éléments suivants :

– la mise en place d'un régime harmonisé des pas de cotation (*tick*) minimum fondés sur le prix et la liquidité des instruments (actions, certificats de dépôts et ETF négociés sur des plateformes européennes) pour limiter la course à la granularité et stabiliser les prix ;

– le renforcement des exigences (notifier les algorithmes utilisés aux autorités, marquage des ordres, conservations des conditions d'exécution des ordres, etc.) applicables aux acteurs ayant recours à la négociation algorithmique ;

– l'encadrement de l'activité de tenue de marché avec contraintes à respecter par les acteurs concernés pour assurer ladite activité ;

– l'encadrement des structures de frais des plateformes, avec transparence, équitabilité et non-discrimination.

8 Statistiques

Les principaux chiffres d'Euronext sont les suivants :

Nombre d'entreprises	**2022**	**2021**
Euronext	1 003 (dont 149 étrangères)	962 (dont 135 étrangères)
Euronext Growth (ex-Alternext)	390 (dont 45 étrangères)	403 (dont 49 étrangères)
Euronext Access (Marché libre)	195 (dont 58 étrangères)	187 (dont 65 étrangères)
Capitalisation boursière (Mds€)		
Euronext	5 654,14	4 9991,11
Euronext Growth	43,85	36,56
Euronext Access	8,81	10,86
Nombre de valeurs		
Obligations	48 672 (dont 3 719 à Paris, 41 964 à Dublin)	49 557 (dont 3 874 à Paris, 42 798 à Dublin)
ETF	2 002 (dont 916 à Paris)	1 955 (dont 740 à Paris)

Source : Euronext, Factbook 2023.

Depuis l'intégration des bourses rachetées par Euronext, celle-ci fait état d'une capitalisation à fin 2022 de 6 200 milliards d'euros (pour 1 929 entreprises cotées). Huit économies européennes sont désormais dans le giron d'Euronext grâce aux bourses ou/et organismes de clearing ou/et dépositaires centraux émanant des places de Paris, Amsterdam, Bruxelles, Lisbonne, Dublin, Oslo, Milan et Copenhague.

Chapitre 4

Comment choisir son action ?

Pour constituer un portefeuille, l'investisseur doit s'informer certes sur la valeur et donc l'émetteur, mais doit prendre en compte l'information macroéconomique.
Ensuite, pour affiner son choix de valeur, il peut se reposer sur les analyses, fondamentale et technique, et les ratios boursiers.

1 L'information diffusée

On distingue les informations macroéconomiques, les informations générales et boursières sur les émetteurs et leurs valeurs.

■ *Les informations macroéconomiques*

L'évolution du cours d'une valeur mobilière dépend de la qualité intrinsèque de l'entreprise mais la situation macroéconomique a un impact sur la bourse en général.

On entend par macroéconomie l'étude du fonctionnement d'un système économique constitué des acteurs que sont les ménages, les entreprises, les intermédiaires financiers et l'État.

Quatre éléments principaux de la macroéconomie sont à prendre en considération pour étudier l'environnement boursier : la croissance économique, l'inflation, les taux de change et les taux d'intérêt.

a) La croissance économique

La croissance économique est un élément quantitatif mesuré par le taux de croissance du produit intérieur brut. Le PIB mesure l'ensemble des biens et des services produits ou offerts sur un territoire national, quelle que soit la nationalité des producteurs ; il est égal à la somme des valeurs ajoutées (valeurs créées) des agents économiques, à laquelle on rajoute la TVA et les droits de douane. On parle parfois de PNB – produit national brut égal à la somme des productions annuelles créées par un pays, qu'elles aient été formées sur ou hors du territoire.

Le taux de croissance économique est la variation du PIB entre 2 dates. On parle de récession économique lorsqu'il y a baisse de la production. Un consensus général détermine la récession dès lors qu'il y a diminution du PIB sur deux trimestres consécutifs.

En période de croissance, les résultats des entreprises augmentent, ce qui se traduit normalement par une hausse des cours de bourse.

b) L'inflation

L'inflation se caractérise par une hausse généralisée et durable des prix, conduisant de facto à une diminution du pouvoir d'achat des agents économiques et par une érosion de la valeur de la monnaie.

Elle est mesurée par l'indice des prix à la consommation. Une hausse des prix provoque généralement une hausse des cours de bourse. Ladite hausse des cours doit être supérieure à la hausse des prix pour être réelle.

S'il y a baisse des prix, on parle de déflation. S'il y a baisse du taux d'inflation, on parle de désinflation.

S'il y a taux d'inflation élevé couplé à un taux de croissance économique faible ou négatif, on parle de stagflation.

c) Le taux de change

Le taux de change est la valeur d'une monnaie nationale exprimée en valeur étrangère. Sa variation s'explique par l'évolution de la balance des paiements. Un déficit de la balance des paiements provoque généralement une baisse de la valeur de la monnaie nationale, et inversement. La balance des paiements retrace l'ensemble des opérations entre le pays et l'extérieur.

Si, en Europe, le risque de change est anéanti par l'euro, la valeur de l'euro par rapport aux autres monnaies se détermine, depuis 1971, par la loi de l'offre et de la demande, car le régime est dit des changes flottants. L'évolution des taux de change est impactée par celle des taux d'intérêt : pour défendre une monnaie (et donc attirer des capitaux vers une zone monétaire), les autorités monétaires remontent les taux d'intérêt.

d) Les taux d'intérêt

Les taux d'intérêt représentent la variable macroéconomique essentielle pour un investisseur.

Dans le cadre d'une politique monétaire menée par les taux d'intérêt (comme c'est le cas dans toutes les économies développées), les taux d'intérêt impactent le taux de croissance économique. Sans entrer dans le détail, une baisse des taux d'intérêt relance la croissance économique et réduit le chômage. Une baisse de taux réduit, en effet, le coût d'endettement des agents économiques, les ménages consomment davantage grâce aux crédits rendus plus accessibles et épargnent moins du fait d'une moindre rémunération de leur épargne. Les entreprises bénéficient de conditions d'emprunts plus avantageuses, tant par les banques que par les marchés. À l'inverse, en période d'expansion économique, les risques d'inflation s'avèrent plus forts ; il convient alors d'augmenter les taux d'intérêt.

Mécaniquement, une hausse des taux d'intérêt provoque une baisse du cours des obligations. Et, si la hausse se prolonge dans le temps, le cours des actions viendra également à baisser.

Notons qu'il existe plusieurs taux d'intérêt. Sur les marchés financiers, on parle, par abus de langage, de taux courts pour désigner les taux d'intérêt sur le marché monétaire et de taux longs sur le marché obligataire.

Globalement, on parle de la courbe des taux qui représente les taux d'intérêt en fonction des échéances des prêts. Si la courbe des taux est positive ou ascendante (taux long terme supérieurs aux taux court terme), elle annonce une reprise économique (mais avec inflation le plus souvent).

Si la courbe est négative, on parle de période d'inversion de la courbe des taux, elle annonce un ralentissement de l'économie.

Enfin, les taux à court terme sont essentiellement déterminés par les taux directeurs des banques centrales qui sont les taux d'intérêt au jour le jour. Dans la zone euro, ces taux sont le taux des opérations principales de refinancement (appelé Refi) et le taux de facilité de prêt marginal.

■ *Les informations relatives aux émetteurs*

Le rapport annuel d'une entreprise présente l'ensemble des éléments financiers d'une année n, avec un rappel de l'année n-1 permettant d'analyser l'évolution des postes. Publié après l'assemblée générale des actionnaires, il est rendu public auprès de la société, de la presse financière et sur internet.

Ces informations doivent être publiées par voie électronique et déposées auprès de l'AMF. En parallèle, certaines informations sont à publier au BALO (Bulletin des annonces légales obligatoires).

Informations / Périodicité	À publier par voie électronique et à déposer à l'AMF	À publier au BALO
Annuelle	Rapport financier annuel avec : – comptes annuels – rapport de gestion – rapport des commissaires aux comptes – déclaration des personnes assumant la responsabilité du rapport À publier dans les 4 mois qui suivent la clôture de l'exercice comptable.	– comptes annuels approuvés par le conseil d'administration – projet d'affectation du résultat et comptes consolidés Puis comptes approuvés par l'assemblée générale À publier dans les 4 mois qui suivent la clôture de l'exercice comptable et 15 jours avant l'assemblée générale
Semestrielle	– comptes condensés – rapport semestriel d'activité – rapport des commissaires aux comptes sur l'examen limité des comptes – déclaration des personnes assumant la responsabilité du rapport À publier dans les 2 mois suivant la fin du 1er semestre.	– tableau d'activité et de résultat – rapport d'activité semestriel À publier dans les 2 mois suivant la fin du 1er semestre.
Trimestrielle	– montant net par branche d'activité du chiffre d'affaires du trimestre – description générale de la situation financière et des résultats – une explication des événements importants À publier dans les 45 jours suivant la fin du trimestre.	Chiffre d'affaires.

Source : Guide AOF, avril 2007.

Le rapport financier annuel est la source d'information la plus importante car il retrace l'année écoulée et présente les comptes (bilan, compte de résultat) expliqués ci-après.

2 L'analyse fondamentale

L'analyse fondamentale repose sur l'analyse financière de l'entreprise cotée, et plus précisément sur l'analyse de son bilan et ses annexes, et de son compte de résultat. Au regard de ces documents comptables, les analystes mesurent le patrimoine et la rentabilité financière de l'entreprise puis en tirent des ratios financiers pour évaluer la capacité d'investissement, de remboursement des dettes ou de rachat d'entreprises éventuellement.

■ *Le bilan*

Le bilan retrace le patrimoine de l'entreprise, il distingue les ressources dont elle dispose (passif) et l'usage (emplois) de ces ressources à l'actif.

Il se présente globalement de la manière suivante : le bilan expose la structure financière de l'entreprise et, par là même, son degré d'indépendance financière.

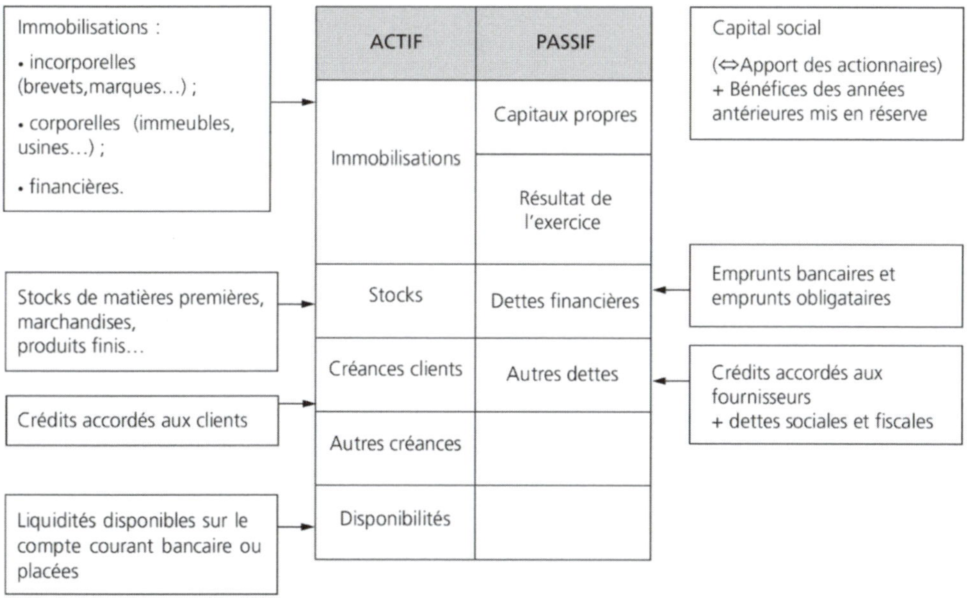

■ *Le compte de résultat*

Le compte de résultat retrace l'ensemble des charges et produits de l'année écoulée. Il peut être décomposé en un résultat d'exploitation ou opérationnel, un résultat financier et un résultat exceptionnel. Finalement, il permet d'établir le résultat net de l'exercice qui sera ensuite inscrit au bilan.

Les analystes financiers reprennent ces charges et produits pour les traduire en soldes intermédiaires de gestion, dont les principaux sont les suivants :

Marge commerciale	Ventes de marchandises – Coût d'achat des marchandises vendues
Production	Production vendue +/– Production Stockée + Production immobilisée
Valeur Ajoutée	Marge commerciale + Production – Coût des matières premières consommées – Autres achats et charges externes
Excédent Brut d'Exploitation (EBE)	Valeur Ajoutée – Impôts & taxes et versements assimilés – Salaires et Traitements – Charges sociales + Subventions
Résultat d'exploitation	EBE – Dotations nettes de reprises aux amortissements et dépréciations +/– Autres produits & charges
Résultat financier	Produits financiers – Charges financières
Résultat courant avant impôt	Résultat d'exploitation + Résultat financier
Résultat exceptionnel	Produits exceptionnels – Charges exceptionnelles
Résultat net (bénéfice ou perte)	Résultat courant avant impôt + Résultat exceptionnel + Participation salariés + Impôt sur les bénéfices

Au-delà de ces soldes intermédiaires de gestion, il est possible de tirer certains ***ratios financiers*** qui affinent l'analyse de l'entreprise.

Parmi ceux-ci, on recense :

– *la marge d'exploitation* (résultat d'exploitation/chiffre d'affaires) qui, exprimée en pourcentage, mesure la rentabilité de la seule exploitation de l'entreprise. Plus la marge est élevée, plus l'entreprise est rentable. On peut également calculer la marge nette de l'entreprise ou rentabilité commerciale (Résultat net / Chiffre d'affaires) qui permet de déceler un éventuel problème lié à un événement exogène (augmentation du prix des matières premières par exemple) non pris en compte dans la marge d'exploitation ;
– *le rendement des fonds propres*, plus connu sur le nom RoE – *Return on Equities* (Résultat net / Fonds propres) qui mesure la rentabilité des capitaux propres utilisés par l'entreprise. Ce ratio intéresse notamment les investisseurs puisqu'il traduit la rentabilité de leur investissement ;
– *la capacité d'autofinancement* (CAF), ou *cash-flow* (Résultat net + Dotations nettes des reprises aux amortissements et provisions à caractères de réserves – Plus-values sur cessions immobilières) permet d'étudier la capacité de l'entreprise à financer elle-même ses investissements. Notons que si ce ratio est négatif, cela signifie que l'entreprise peut éventuellement être exposée à un risque de cessation de paiement ;
– *le ratio d'endettement* (Dettes à moyen et long termes / Fonds propres), appelé également *gearing* et exprimé en pourcentage, mesure le niveau d'endettement de l'entreprise face à son total de fonds propres. Et la capacité de remboursement des dettes se mesure en rapportant les dettes à moyen et long terme à la capacité d'autofinancement.

L'analyse fondamentale reste celle des spécialistes ; l'analyse technique est, quant à elle, plus ouverte aux non-initiés de l'analyse comptable et financière.

3 L'analyse technique

L'analyse technique repose sur les courbes des cours de bourse. Elle a pour postulat le caractère récurrent des comportements des agents économiques.

■ *Les principaux graphiques*

Afin de présenter les principaux graphiques, nous prenons l'exemple de la valeur Air Liquide dont la courbe de cours est la suivante :

Parmi les graphes les plus connus, on distingue :

a) Les Bar – Charts

Les *bar-charts*, ou bâtonnets, indiquent le cours le plus bas et le cours le plus haut de la séance boursière à chaque extrémité du trait vertical ; 2 traits horizontaux indiquent, à gauche, le cours d'ouverture, à droite, le cours de fermeture.

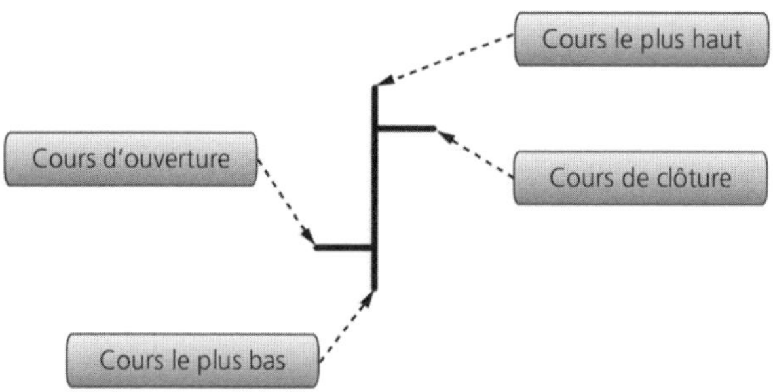

b) Les bougies japonaises

Les bougies japonaises permettent de schématiser l'amplitude globale d'une séance. Si le fonds est blanc, la variation est positive ; si le fonds est noir, la variation est négative.

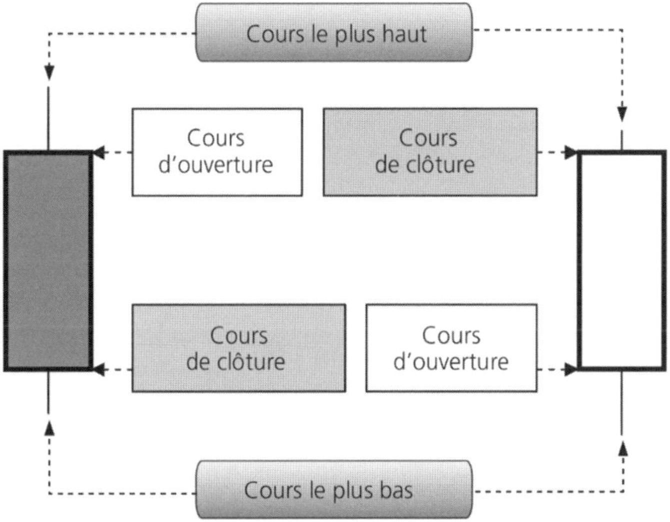

Au-delà de ces représentations, on trace des droites de support et de résistance.

En reliant les points les plus bas des cours, on trace une droite de support, en reliant les points les hauts, on trace une droite de résistance.

La résistance correspond à l'arrêt des cours à la hausse, avant une baisse, et inversement pour le support.

Lorsque les 2 droites sont tracées, 3 tendances peuvent apparaître : haussière (*bullish*), baissière (*bearish*) ou neutre.

AIR LIQUIDE - AI
6 nov. 2007 - 12 sept. 2008 - Dr : 84,59
Zonebourse.com / Les Echos.fr
AI MMA(20) 82,50 MMA(50) 82,95 MMA(100) 84,27
95,20
90,60
86,10
84,90
82,00
80,35
79,40
96,00
94,00
92,00
90,00
88,00
86,00
84,00
82,00
80,00
2000
x1K
2007nov.
2008janv.
mars
mai
juil.
sept.
Semaine
AI MMA(20) 83,94 MMA(50) 85,76 MMA(100) 83,85
94,00
85,35
79,95
65,35
56,95
47,11
100,0
90,0
80,0
70,0
60,0
50,0
2004
2006
2008
Journalier
AI MMA(20) 82,50 MMA(50) 82,
85,00
84,50
84,00
83,50
83,00
82,50
82,00
81,50
81,00
80,50
2008août
sept.

La tendance à court terme indique un cours support à 82 € et un cours résistance de 84,90 €, signifiant qu'entre les 2 cours, la tendance apparaît comme neutre, une rupture en clôture de l'un de ces 2 cours donnera une bonne indication de la tendance à venir.

Sur le moyen terme, la tendance est baissière. En deçà de 86,10 €, un objectif principal de baisse pourra être fixé à 80,35 €. Un retour au-dessus de 86,10 € permettrait à la valeur de s'affranchir de l'orientation baissière.

c) La moyenne mobile

Les moyennes mobiles à 10, 20, 50, 100 ou 200 jours permettent de tracer une courbe « lissée ».

Moyenne mobile à 200 jours :

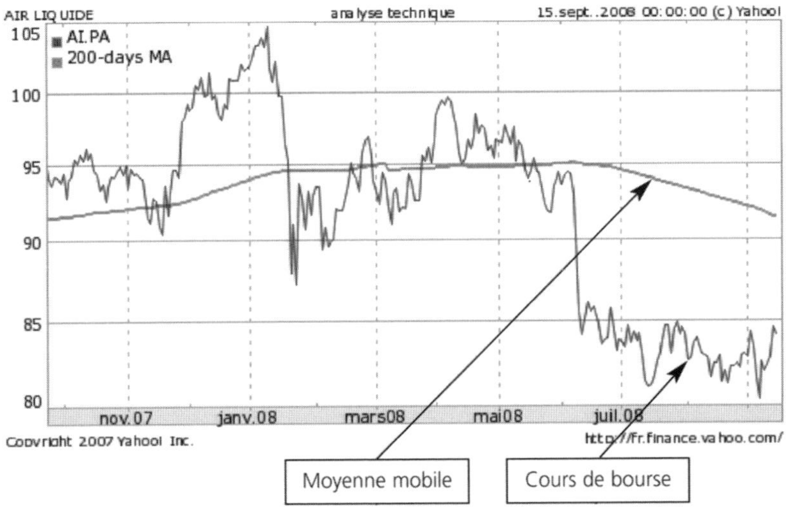

Moyenne mobile à 20 jours :

On utilisera la moyenne mobile à 20 jours pour des opérations à court terme.

Au travers de ces courbes, il est possible de déterminer des indicateurs d'achat et de vente.

Quand la courbe des cours coupe vers le haut la courbe des moyennes mobiles, il y a signal d'achat.

Quand la courbe des cours coupe vers le bas la courbe des moyennes mobiles, il y a signal de vente.

d) Les oscillateurs

Techniques plus sophistiquées car reposant sur des fonctions dérivées des cours, les oscillateurs permettent de déterminer si le marché est suracheté ou survendu. La technique la plus utilisée est le RSI – *Relative Strenght Index*.

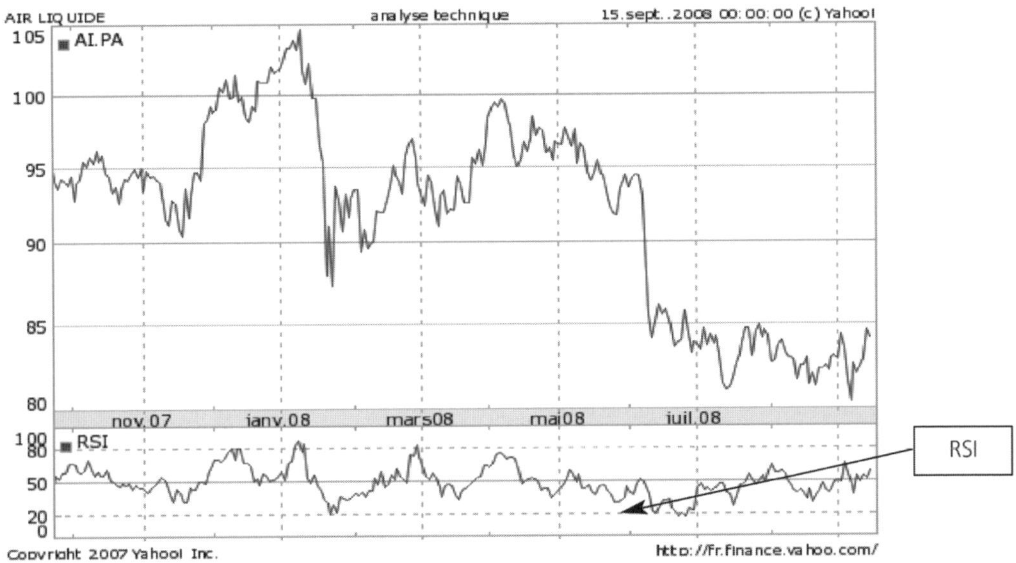

Si le RSI tend vers 100, le marché est en forte hausse ; au-dessus de 75, le marché est en zone de sur-achat. Si le RSI tend vers 0, le marché est en forte baisse ; au-dessous de 20, le marché est en zone de sur-vente.

Notons que la formule du RSI est la suivante :

RSI = 100 – 100 / (1 + H / B)

H = moyenne des hausses sur la période étudiée (50 derniers jours par exemple)

B = moyenne des baisses...

■ *Les principales théories*

Ces méthodes susnommées sont assises sur des méthodes théoriques, les deux plus usitées étant celles de Dow et des vagues d'Elliott.

a) La théorie de Dow

Elle repose sur la succession des vagues de hausse et des vagues de baisse. Les premières sont plus longues que les secondes et moins brutales. Dow recense 3 phases :

- la première phase est celle des professionnels qui, anticipant une reprise économique, acquièrent la valeur ;
- la deuxième est celle des gestionnaires d'entreprises qui confirment ou infirment les anticipations des initiés ;
- la troisième est celle des petits porteurs qui investissent alors dans la valeur. Et là, le marché se retourne.

Notons que cette théorie est aujourd'hui moins valable qu'à l'époque de Dow, car l'information est quasi-immédiate à nos jours, tandis qu'elle ne l'était pas à la fin du XIXe siècle.

b) Les vagues d'Elliot

Selon cette théorie, dans le prolongement de celle de Dow, les cours suivent un cycle d'une série de 8 vagues.

Haussier ou baissier, le marché suit 5 vagues :

- les vagues 1, 3 et 5 sont majeures ;
- les vagues 2 et 4 sont mineures, parfois appelées phases de consolidation.

À la suite de ces 5 vagues, 3 sous-vagues (6, 7 et 8) s'enclenchent : la première (n° 6) est parfois appelée phase de correction, les 2 dernières viennent clôturer le cycle.

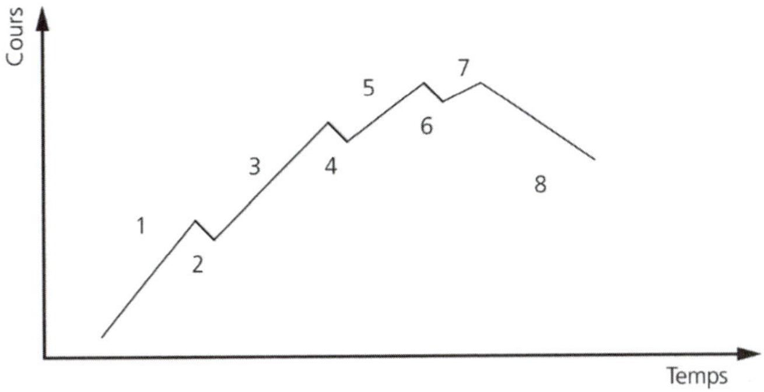

Les principales figures

Enfin, sur l'ensemble des graphiques, certaines figurent sont caractéristiques.

On recense les principales figures suivantes :

a) Tête-épaules

Elle annonce en général un retournement de tendance. Sa période de formation est d'environ 2 ou 3 mois. Si la ligne des cours franchit la ligne des épaules, c'est un signal de vente.

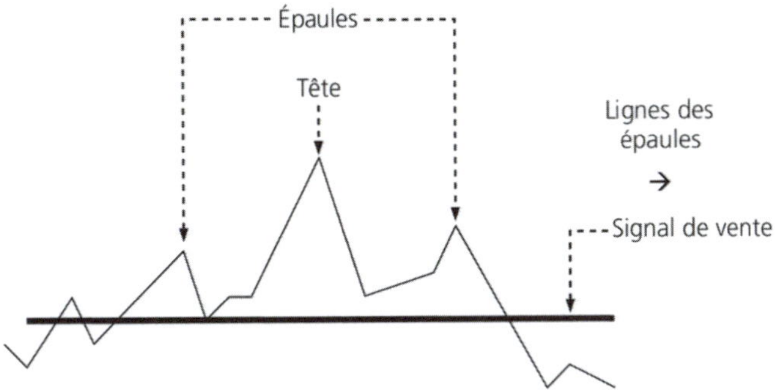

Si la courbe est inversée, on parle de tête-épaules inversée, la ligne des épaules est alors un signal d'achat.

b) Double dip ou « W » et double sommet ou « M »

Leur période de formation est d'environ un mois avec une amplitude de cours d'environ 20 %. Il y a signe d'achat (pour un double dip) ou de vente (pour un double sommet, même courbe mais inversée) en T.

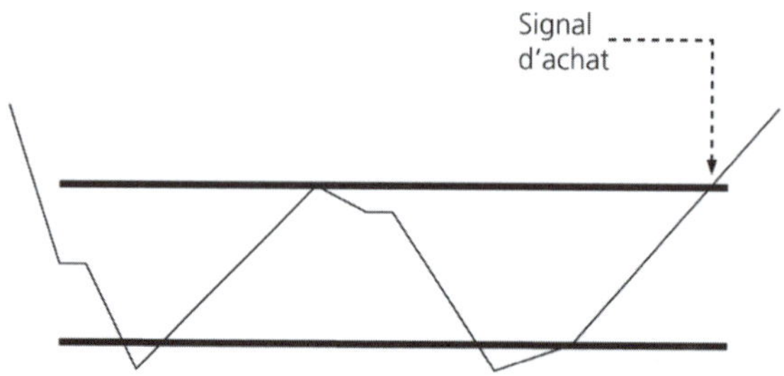

c) Triangle

Cette figure apparaît après des phases clairement haussières ou baissières car le marché cherche une tendance en phase de consolidation. Si les cours sortent par le haut du triangle, il y a signal d'achat et inversement.

4 Les ratios boursiers

L'analyse boursière repose sur des ratios boursiers proprement dite. Parmi ceux-ci, le plus usité reste le *Price Earning Ratio*.

■ *Le BNPA – Bénéfice net par action*

Il est égal à Résultat net / Nombre d'actions.

Il permet de calculer le rendement futur de l'action mais il ne correspond pas aux dividendes effectivement versés par l'entreprise car celle-ci peut ne pas distribuer l'intégralité de ses bénéfices, en vue d'investissements futurs.

L'analyse du BNPA se fait sur 3 années pour évaluer l'amélioration éventuelle de la capacité bénéficiaire de l'entreprise.

■ *Le PER – Price Earning Ratio – ou multiple de cotation*

C'est le rapport entre le cours de bourse de la valeur et le bénéfice net (après impôt) par action – BNPA –, c'est-à-dire : Cours / BNPA.

Plus il est élevé, plus la valeur est chère.

Exemple

Une valeur cote 120 € pour un capital de 6 millions d'actions. La capitalisation boursière de l'entreprise ressort à 120 × 6 millions = 720 millions d'euros. Le bénéfice prévu pour l'année est de 60 millions d'euros, soit 10 € par action.

Le PER ressort à 120 / 10 = 12.

On dit que la valeur capitalise 12 fois son bénéfice.

Le PER d'une valeur est comparé au PER moyen d'une bourse, mais surtout au PER des autres valeurs du même secteur. S'il est supérieur à la dite moyenne, l'achat de cette valeur est risqué car, en cas de dividende plus faible que celui qui était prévu, l'achat ressortira à un prix élevé eu égard aux profits futurs non avérés.

On parle également de PER relatif (PER d'une valeur rapporté au PER sectoriel), utilisé pour les valeurs à PER élevés, telles les valeurs de croissance à certaines périodes. Si une valeur phare d'un secteur d'activité donné à un PER relatif supérieur à 1, sa valeur est supérieure à celle du marché. Mais il convient d'étudier le PER relatif sur longue période : si une valeur affichait, dans le passé, un PER relatif supérieur à 1, et affiche à un instant t un PER relatif égal à 0, 75, elle est alors sous-évaluée.

Cependant, le PER n'est valable que pour les entreprises bénéficiaires (hors éléments exceptionnels qui biaisent les perspectives). Pour les entreprises en perte, on utilise le multiple du chiffre d'affaires (Capitalisation boursière / Chiffre d'affaires).

■ *Le délai de recouvrement*

Il mesure le temps nécessaire pour récupérer son investissement. Il est donc exprimé en années.

Son calcul est plus complexe que celui du PER car il repose sur le taux de croissance des dividendes et sur l'actualisation des flux à venir. Le taux d'actualisation étant celui des obligations d'État au moment du calcul.

Plus le délai de recouvrement est faible, moins la valeur est chère.

■ *Les autres ratios*

Les autres ratios sont les suivants :

– rendement net : Dividende net par action / Cours de bourse ;

– taux de distribution : Dividende par action / BNPA ;

– PCF – *Price Cash-Flow* : Cours de bourse / Marge brute d'autofinancement.

Chapitre 5

Comment gérer un portefeuille ?

Un investissement en bourse a lieu d'être pour faire fructifier un capital en constituant un portefeuille de valeurs mobilières, en tenant compte du profil et des contraintes de l'investisseur, induisant un profil de gestion.

1 Choisir son profil d'investisseur

■ *Les objectifs de placement*

Selon les attentes des investisseurs, la constitution d'un portefeuille sera différente.

On recense trois objectifs principaux de placement.

a) L'objectif de sécurité

L'investisseur recherche un maintien de son pouvoir d'achat, quelles que soient les fluctuations des cours des valeurs. Il tient, par ailleurs, compte de l'inflation car son pouvoir d'achat doit être tenu sous la contrainte de l'érosion monétaire.

Finalement, l'objectif de sécurité requiert une évolution régulière, même si la rentabilité est faible ; car l'essentiel est d'éviter une perte en capital. L'investisseur cherche à minimiser les risques.

b) L'objectif de rendement

L'investisseur recherche des revenus réguliers obtenus par le versement des dividendes et des intérêts sur les valeurs qu'il détient en portefeuille, ou sur les plus-values potentielles à obtenir lors de la revente des valeurs.

Finalement, l'évolution du portefeuille peut être irrégulière à condition que le rendement soit assuré et le risque en capital doit rester faible.

c) L'objectif de croissance

L'investisseur cherche à augmenter en permanence la valeur de son portefeuille. Il recherche notamment les plus-values pour des gains en capital. La performance du portefeuille est élevée mais le risque de perte en capital est fort. Enfin, cet objectif de croissance se base essentiellement sur une forte volatilité des cours.

Au-delà de ces trois objectifs principaux de placement, un investisseur peut également rechercher une liquidité importante pour faire face à un besoin de disponibilités rapides. Il peut enfin rechercher un objectif fiscal s'il est imposé dans les tranches supérieures.

■ *Les contraintes*

L'investissement en bourse s'effectue sous contraintes qu'on recense au nombre de cinq.

a) Les contraintes de temps

Selon l'horizon de placement, l'investissement est différent. Le placement peut être à court terme (1 an maximum), à moyen terme (entre 1 et 5 ans) ou à long terme (supérieur à 5 ans). La rentabilité du portefeuille variera alors car le type de produits est différent selon le terme du placement.

b) Les contraintes de liquidité

Si l'investisseur opte pour un portefeuille liquide, il choisira des produits en fonction de sa durée de placement mais surtout en fonction de la cotation. La liquidité requiert des titres qui sont cotés quotidiennement avec de forts volumes de négociation, afin que la position puisse être liquidée rapidement.

c) La contrainte de montant

Dès lors qu'un portefeuille est important, la diversification est plus aisée. En conséquence, la contrainte de l'encours total du portefeuille est à considérer pour maximiser la diversification.

d) La contrainte fiscale

En fonction de son patrimoine global et de son imposition qui en découle, l'investisseur choisira un support de placement adéquat : compte-titres ordinaire, PEA ou assurance-vie par exemple.

e) La contrainte du risque

En fonction de son degré d'aversion au risque, l'investisseur optera pour certains actifs plus ou moins risqués.

Et, selon ce degré, la performance de son portefeuille sera susceptible d'être plus ou moins grande.

■ *Les profils de gestion*

Lorsque l'objectif de placement est évalué en tenant des contraintes, il est possible de déterminer le profil de gestion.

On recense trois types de profils de gestion :

a) Le profil prudent

Il consiste à associer la sécurité du capital investi à une valorisation régulière (quotidienne en général). Le portefeuille type requiert un montant maximal de 30 % investi en actions, le reste se partageant en des produits obligataires et monétaires.

b) Le profil équilibré

Il consiste en une recherche d'un équilibre entre sécurité du capital et performance globale. Le portefeuille type requiert un montant maximal de 50 % investi en actions, le reste se partageant en des produits obligataires et monétaires pour assurer une sécurité minimale.

c) Le profil dynamique

Il est axé sur la recherche de performance maximale. Le portefeuille peut alors être intégralement investi en actions. Cependant, l'investisseur doit être à même d'accepter des fluctuations considérables pour maximiser la rentabilité de son portefeuille.

2 Les mandats de gestion

Tout investisseur sur les marchés financiers doit être en relation avec un intermédiaire financier, soit un établissement de crédit ou un prestataire de services d'investissement agréé par l'Autorité de contrôle prudentiel soit une société de gestion de portefeuille agréée par l'AMF (Autorité des marchés financiers).

Une fois l'intermédiaire choisi, l'investisseur opte pour un mandat de gestion qui dépend de sa connaissance des marchés.

On recense deux principaux types de mandats de gestion et deux types de gestion spécifique (club d'investissement et gestion collective).

Le mandat de transmission

Dans le cadre de ce mandat, l'intermédiaire ne traite que la transmission et la réception des ordres.

L'investisseur est seul décisionnaire en matière de gestion de portefeuille : les décisions d'acheter ou vendre les titres, voire de réinvestir les coupons, lui appartiennent complètement. Aussi doit-il maîtriser le fonctionnement des marchés, connaître les émetteurs des produits financiers et s'informer en permanence pour être réactif face aux évolutions des marchés.

Le mandat de gestion déléguée

L'investisseur donne l'orientation générale de la gestion mais délègue entièrement cette gestion à un mandataire spécialisé. Ladite gestion nécessite un contrat établi par écrit. Le contrat (ou convention) stipule l'objectif de gestion, les produits financiers autorisés et les comptes rendus effectués par l'intermédiaire à destination du client.

La gestion via un club d'investissement

Un club d'investissement est un groupe de personnes réunies dans une structure permettant d'investir sur les marchés de capitaux. Les membres du club sont au minimum 5 et au maximum 20.

Le club est présidé par un représentant de l'intermédiaire financier habilité à transmettre les ordres de vente et d'achat. Au côté du président, le club nomme un trésorier chargé de suivre les comptes tous les mois et un secrétaire qui gère les réunions (environ 10 par an).

Chaque membre verse au club un montant chaque mois, ne pouvant excéder 5 500 € sur une année.

La durée d'un club est de 10 ans maximum.

Enfin le club bénéficie de la transparence fiscale. Ses membres sont imposés individuellement en matière d'impôt sur le revenu, comme s'ils détenaient directement les titres. Les plus-values réalisées lors d'un retrait d'un membre (ou lors de la dissolution du club) sont taxées lorsque le total des sommes reçues du club et des cessions réalisées au cours de la même année est supérieur à un montant fixé chaque année.

La gestion collective

L'investisseur apporte un montant donné en acquérant une part de fonds commun de placement ou une action de Sicav.

Lorsque l'investisseur a choisi son mandat, il doit sélectionner ses produits financiers afin de composer un portefeuille.

3 La sélection des titres et la composition du portefeuille

Avant de sélectionner les valeurs, il convient de déterminer une règle d'allocation d'actifs afin de répartir l'investissement entre actions, obligations et titres du marché monétaire.

Les différentes approches sont les suivantes :

- ***le « stock-picking »*** (ou gestion « *Bottom-Up* » ou gestion active) : cette technique consiste à sélectionner des valeurs sur la base de l'entreprise émettrice, ses valeurs intrinsèques et sa valorisation sur le marché. Elle passe outre le secteur de l'entreprise ou son économie nationale ;
- ***la gestion top-down*** : cette technique est l'inverse de la précédente. Elle consiste à choisir, en premier lieu, un secteur d'activité et/ou une zone géographique puis à sélectionner, en second lieu, des titres ;
- ***la gestion alternative*** : cette technique consiste à obtenir une performance décorrélée (c'est-à-dire déconnectée ou détachée) de l'évolution du marché. Cette technique n'est ouverte qu'aux investisseurs particulièrement avertis car elle repose souvent sur l'intervention sur les marchés dérivés ;
- ***la gestion indicielle*** : cette technique consiste à répliquer la performance d'un indice et repose sur une composition d'un portefeuille identique à celle de l'indice (même pondération). Un autre moyen est celui de l'utilisation des *trackers* (cf. Chapitre 2, § 5).

Ensuite, l'investisseur opte pour un style de gestion.

S'il recherche des valeurs à forte croissance, il choisit des entreprises développant de nouveaux projets ou des opérations de croissance externe ; on parle alors de gestion « *growth* » (croissance) ou offensive, basée sur les plus-values potentielles.

À l'inverse, il peut axer son investissement sur des valeurs décotées (à PER modéré) mais distribuant des revenus élevés. On parle alors de gestion « *value* » (valeur) ou défensive. S'il combine les deux modes de gestion, on parle de gestion « *blended* » (mixte).

Enfin, l'investisseur sélectionne les valeurs.

Afin de diversifier son portefeuille, l'investisseur doit déterminer un nombre de lignes à détenir. On estime que 10 lignes est un minimum pour un portefeuille diversifié.

Puis, il opte pour le type de valeurs à acquérir : actions, obligations et/ou parts d'OPCVM.

Parmi les actions, on recense :

- *les Blue-chips* à destination des investisseurs à la recherche d'investissements sécurisés car elles offrent une visibilité importante, des risques minimisés et des dividendes généralement récurrents ;
- *les actions de rendement* à destination des investisseurs à la recherche de revenus élevés car elles versent généralement des dividendes plus importants que les autres actions d'un même secteur ;
- *les actions de croissance* à destination des investisseurs à la recherche de plus-values potentielles ;
- *les actions cycliques* à destination des investisseurs attirés par la gestion sectorielle ;
- *les actions spéculatives*, c'est-à-dire à forte volatilité ;
- *les actions défensives*, c'est-à-dire peu sensibles à l'évolution de la conjoncture économique ;
- *les actions technologiques* à destination des investisseurs à la recherche des plus-values et prêts à accepter des risques.

En matière d'obligation, on recense :

- *les obligations de première catégorie* : obligations émises par l'État ou le secteur public, appelées obligations sans risques, notées « AAA » par les agences de rating ;
- *les obligations de seconde catégorie* : obligations émises par les entreprises privées (corporate), offrant un rendement plus élevé que les obligations d'État.

En matière d'OPCVM, on recense : les OPCVM actions, obligations et monétaires.

Focus : Fideas lance « ACTforClimat », la première Sicav à mission

Une entreprise à mission, créée par la loi PACTE, est une entreprise qui dépasse la notion de « raison d'être » en inscrivant dans ses statuts une mission de bien commun.

L'objectif de la Sicav est d'associer le rendement financier et l'accélération de la transition vers la neutralité carbone. À cette fin, elle souhaite investir à hauteur de 1 à 5 % du capital d'une vingtaine d'ETI cotées de capitalisation compris entre 80 et 500 millions d'euros. L'entrée au capital de ces sociétés consiste en une aide financière et à la transition.

La Sicav met à leur service une expertise propriétaire et pionnière de finance bas carbone et une expertise de Sparknews (partenaire de Fideas) en transformation culturelle au service de la transition énergétique et de l'impact positif. La Sicav propose également aux entreprises de s'engager dans le process ACT – *Assessing Low Carbon Transition* – de l'Ademe.

Source : http://www.fideas.fr/smart-for-climate.php

4 Le cas particulier du PEA

Le Plan épargne en action a été créé en septembre 1992. Il est ouvert à tout contribuable domicilié en France sur le plan fiscal. Pour un couple, deux PEA sont autorisés. Depuis la loi PACTE, notons que les jeunes majeurs rattachés au foyer fiscal de leurs parents, à condition d'être âgés de moins de 21 ans (ou 25 ans si étudiants), peuvent ouvrir un PEA classique ; le plafond, dans ce cas, est fixé à 20 000 €.

Le montant maximal est de 150 000 €.

Les valeurs exigibles sont :

- les actions, les certificats d'investissement, les bons de souscriptions de sociétés françaises et de sociétés ayant leur siège social dans un État de l'Union européenne ;
- les actions et parts d'OPCVM détenant au moins 75 % des titres susnommés ;
- les parts de FCP à risque et d'innovation ;
- certains titres non cotés (actions et parts de SARL ou de sociétés coopératives) sous la condition que les sociétés soient françaises et soumises à l'impôt sur les sociétés, et sous la condition que le titulaire du PEA (et son conjoint, ses ascendants et descendants) ne détienne(nt) pas plus de 25 % des droits de vote de ces sociétés ;
- les certificats d'investissements, mutualistes et paritaires.

Les versements au PEA sont libres (sans montant minimum) et effectués uniquement en espèces.

Les revenus de capitaux mobiliers perçus dans le cadre du PEA sont exonérés d'impôt sur le revenu sauf en cas de clôture avant 5 ans et de dépassement du seuil de cession. Si la clôture intervient avant 5 ans, les gains nets sont soumis à la ***flat tax*** ou prélèvement forfaitaire unique de 30 % instaurée en 2018 en France. Les contributions sociales sont uniquement dues à la clôture.

5 Le PEA PME-ETI

L'article 70 de la loi de Finances 2014 a créé un PEA destiné très spécifiquement au financement des PME et ETI depuis la loi PACTE.

Le fonctionnement de ce support est identique à celui du PEA classique et les deux PEA sont cumulables pour un même détenteur.

Sont éligibles à ce PEA PME-ETI :

- les actions, les certificats d'investissements et les parts de sociétés à responsabilité limitée ;
- les parts d'OPC français ou européens investissant au moins 75 % en titres admis au PEA PME ;

– les parts de FCPR ;
– et depuis la loi PACTE aux titres de dettes émis par les plateformes de financement participatif (*crowdlending*) et aux obligations remboursables actions non cotées.

En outre, la loi permet de fusionner les deux plafonds. Le plafond global reste de 225 000 €, mais le plafond du PEA PME-ETI est désormais porté à 225 000 €. Celui du PEA reste à 150 000 €. Autrement dit, l'épargnant peut moduler sa répartition.

6 Les indices

Les indices peuvent être utilisés comme instruments de gestion de portefeuille. En conséquence, Euronext, comme les autres bourses, propose des indices de capitalisation calculés sous forme d'indices de prix et d'indices de rentabilité.

Pour la composition des indices, la sélection des valeurs est fonction de la liquidité, et le poids d'une valeur dans un indice est pondéré par son flottant.

Sur Euronext, les indices sont calculés en continu toutes les 30 secondes pour les plus utilisés ou sur les cours d'ouverture et de clôture pour les autres.

■ *Euronext Paris*

On recense :

– ***les indices globaux*** : Euronext 100 et Next 150 (Indices de capitalisation des 100/150 plus grosses capitalisations du marché réglementé de Nyse Euronext), et Euronext Growth All-Share ;
– ***les indices nationaux*** :
  - CAC 40 (représentant les 40 plus grosses grandes capitalisations boursières), il est appelé l'indice des blue-chips,
  - CE EqualWeight (même échantillon que le CAC40 mais avec pondération identique pour chaque valeur),
  - CAC 40 DividendIndex (cet indice calcule la valeur cumulée des dividendes bruts des 40 plus grandes valeurs) ;
– ***les indices sectoriels*** : on a, par exemple, le Low 100 Europe (composé des 100 plus grandes entreprises européennes émettant le moins de CO_2 dans leurs secteurs respectifs), le Private Equity NXT (composé des fonds de capital-investissement valorisés 300 millions d'euros minimum) ou encore le Next Biotech.

Le CAC® International 25

Depuis le 11 octobre 2011, le CAC® International 25 suit les 25 plus grandes sociétés internationales cotées sur Nyse Euronext Paris. Il est basé sur la capitalisation boursière totale et le montant des volumes échangés localement. Toutes les valeurs le composant ont le même poids. Révisable chaque année, il est calculé quotidiennement et publié après la fermeture de la bourse.

Le CAC® PME

Le 5 mars 2014, le décret d'application du PEA PME a permis le lancement de l'indice CAC® PME.

Celui-ci suit les performances de 20 à 40 valeurs éligibles au PEA PME (chaque valeur ayant un poids limité à 7,5 % dans l'indice).

L'indice Euronext® Family Business

En février 2017, Euronext a lancé le premier indice boursier dédié aux entreprises familiales.

L'indice ***Euronext Family Business*** est composé de 90 entreprises valeurs familiales cotées sur Euronext et Euronext Growth sur les quatre places. Pour être éligible, la valeur doit répondre aux critères suivants :

- le créateur, ses descendants ou les personnes physiques ayant acquis l'entreprise doivent exercer une influence notable sur ladite entreprise ;
- un représentant de la famille/parentèle doit être partie prenante formelle de la gouvernance...

L'indice Euronext® Eurozone ESG Large 80

Le 17 juin 2020, un nouvel indice de finance durable a été créé en collaboration avec Vigeo-Eiris qui sélectionne les 80 valeurs à partir de critères ESG après exclusion des 20 % des entreprises les moins bien classées en matière sociale et 20 % des entreprises les moins bien placées en termes de gouvernance ; sont également exclues, les entreprises impliquées dans le tabac, le charbon ou encore les armes dites controversées telles que les mines antipersonnel.

Cet indice vient compléter les indices développement durable, tels que Low Carbon 100, Euronext CDP Environment France EW ou encore Euronext Green Planet France, etc.

L'indice CAC 40 ESG®

En mars 2021, Euronext Paris proposait l'indice CAC 40 ESG® composé de 40 valeurs sélectionnées en fonction de critères ESG (via les méthodologies du Label ISR et du Pacte mondial des

Nations-Unies) parmi les 60 entreprises du CAC 40 et du CAC Next 20. En juin 2022, l'indice comptait les entreprises du CAC hors de Arcelormittal, Dassault Systèmes, EssilorLuxottica, Eurofins Scientific, Renault, Teleperformance, Thales, TotalEnergies et Worldline et de 9 entreprises parmi le CAC Next 20 : Accor Hotels, Arkema, Atos, Bureau Veritas, EDF, Klepierre, Sodexo, Solvay et Valeo.

■ *Le CAC 40*

Le CAC 40 est l'indice phare de la Bourse de Paris. De base 1 000 au 31 décembre 1987, il représente les 40 plus grosses capitalisations de la bourse. Son calcul s'effectue en temps réel de 9 heures à 17 h 30.

Il était à 5 312,56 le 31 décembre 2017, trente ans après sa création.

Il était à 5 551,41 le 31 décembre 2020.

Il était à 6 473,76 points le 31 décembre 2022.

L'évolution de sa composition depuis sa création est la suivante :

Valeur	Secteur d'activité	Pondération 1987	Pondération 2017	Pondération 2021	Pondération 2022
Accor Hôtels	Hôtellerie loisirs	1,1 %	0,81 %		
Air Liquide	Produits chimiques	5,3 %	3,04 %	4,86 %	3,43 %
Airbus	Aéronautique			3,97 %	4,33 %
Alcatel Lucent	Constitution électrique, électronique	1,6 %			
Alstom	Transport Énergie			0,50 %	0,42 %
Arcelor Mittal	Sidérurgie		1,86 %	1,05 %	1,05 %
Arjomari	Pâtes papier carton	0,8 %			
Axa	Assurances		3,42 %	3,24 %	2,49 %
BNP Paribas	Banque		4,34 %	3,72 %	2,89 %
Bouygues	BTP (devenu holding)	1,4 %	0,93 %	0,45 %	0,48 %
Cap Gemini	Services Informatiques		1,24 %	1,91 %	1,24 %
Carrefour	Distribution	2,8 %	0,75 %	0,73 %	0,53 %
Casino	Distribution	1,1 %			
CGE	Constitution électrique, électronique	4,1 %			
CGIP	Société de portefeuille	1,1 %			
Chargeurs	Transports	1,2 %			
Club Méditerranée	Hôtellerie, loisirs	0,9 %			
Compagnie Bancaire	Société de portefeuille	1,3 %			
Compagnie du Midi	Société de portefeuille	4,2 %			
Crédit Agricole	Banque		2,19 %	0,88 %	1,37 %
Crédit Foncier France	Crédit immobilier	1,7 %			
Danone	Produits alimentaires	5,3 %	2,79 %	2,53 %	1,54 %
Darty	Distribution spécialisée	1,2 %			

Dassault Systemes				1,70 %	2,25 %
Dumez	Génie civil	0,8 %			
Edenred	Services financiers et assurance				0,61 %
Elf Aquitaine	Pétrole	6,2 %			
ENGIE	Énergie, gaz		2,13 %	1,46 %	1,51 %
Essilor Luxottica	Optique	0,7 %	1,66 %	3,22 %	3,28 %
Eurofins Scientific	Pharmacie			1,75 %	0,47 %
Générale des Eaux	Services aux collectivités	4,0 %			
Générale Occidentale	Société de portefeuille	1,3 %			
Hachette	Médias, Édition	0,8 %			
Havas	Publicité	1,4 %			
Hermès INTL				2,46 %	8,42 %
Kering	Distribution spécialisée		4,13 %	3,55 %	2,51 %
L'Oréal	Produits cosmétiques	3,6 %	7,47 %	6,02 %	9,13 %
Lafarge-Holcim	Matériaux de construction	3,9 %	1,76 %		
Legrand	Constitution électrique, électronique	1,2 %	1,10 %	1,37 %	1,00 %
LVMH	Luxe, champagne, Alcool	4,7 %	9,86 %	11,76 %	17,78 %
Lyonnaise des Eaux	Services aux collectivités	1,4 %			
Michelin	Automobile & équipement	3,3 %	1,35 %	1,28 %	0,80 %
Navigation Mixte	Société de portefeuille	1,2 %			
Orange	Télécommunication		2,53 %	1,52 %	1,16 %
Paribas	Société de portefeuille	4,8 %			
Pechelbronn	Société de portefeuille	1,1 %			
Pernod-Ricard	Vins & spiritueux	1,8 %	2,43 %	2,67 %	2,11 %
Publicis SA			0,85 %	0,77 %	0,76 %
Renault	Automobile		1,60 %	0,36 %	0,47 %

Safran	Aérospatial		2,77 %	2,35 %	2,41 %
Saint Gobain	Matériaux de construction	4,9 %	1,52 %	1,43 %	1,22 %
Saint Louis	Produits alimentaires	1,3 %			
Sanofi	Pharmacie	1,8 %	5,39 %	7,98 %	4,92 %
Schneider Electrique	Composants, équipements électriques		2,84 %	4,68 %	3,77 %
Sodexo	Restauration		0,79 %		
Société Générale	Banque	4,4 %	1,95 %	1,23 %	0,79 %
Stellantis (ex-Peugeot)	Automobile	5,6 %	1,21 %	1,75 %	2,18 %
STMicroelectronics	Électronique		1,24 %	1,39 %	1,74 %
Télémécanique	Conso électrique, électronique	1,3 %			
Teleperformance	Services d'appui professionnel			1,25 %	0,38 %
Thalès			1,10 %	0,91 %	1,19 %
Thomson – CSF	Conso électrique, électronique	3,6 %			
Total Énergie	Pétrole		9,05 %	9,20 %	5,27 %
Unibail-Rodamco	Immobilier	0,80 %	1,72 %	0,42 %	0,30 %
Vallourec	Tubes métalliques				
Veolia Environnement	Eau, environnement		0,70 %	1,11 %	0,86 %
Vinci	BTP		3,23 %	3,33 %	2,57 %
Vivendi SE	Holding, média, télécoms		1,80 %	0,55 %	
Worldline	Traitement de données			0,61 %	0,40 %

Chapitre 6

Les autres marchés de capitaux

Au côté du marché financier, il existe d'autres marchés sur lesquels les investisseurs peuvent intervenir. On recense le marché monétaire (marché des capitaux à court et moyen termes), les marchés dérivés sur lesquels se négocient des produits dérivés tels que les options et les contrats à terme, et le marché des changes sur lequel se négocient les devises.

1 Le marché monétaire

Le marché monétaire est le marché des capitaux à court et moyen termes. Depuis 1985, il se compose du marché interbancaire, exclusivement réservé aux établissements de crédit et à leur banque centrale, et du marché des titres de créances négociables, ouvert à tous.

■ *Le marché interbancaire*

Le marché interbancaire est le marché de la monnaie centrale, sur lequel les établissements de crédit qui ont plus de monnaie centrale que ne l'exige leur gestion de trésorerie vont prêter ces liquidités excédentaires. Les intervenants sont les entreprises d'investissement autres que les sociétés de gestion.

C'est forcément le lieu d'intervention privilégié de la Banque centrale, elle équilibre ledit marché et répond ainsi aux besoins de refinancement des établissements de crédit.

L'objet de ce livre n'est pas de développer les techniques de ce marché, on invitera le lecteur intéressé à lire *L'essentiel de la Banque*, 9e édition (2022), dans la collection « Carrés Rouge » chez Gualino – Lextenso.

■ *Le marché des titres de créances négociables*

On appelle ***titre de créance négociable*** un titre émis au gré de l'émetteur, négociable sur un marché réglementé ou de gré à gré, représentant un droit de créance pour une durée déterminée.

La principale différence entre un titre de créances négociables et une obligation réside dans son mode d'émission. Un emprunt obligataire doit être intégralement souscrit, si tel n'est pas le cas, l'emprunt est retiré du marché. Dans la pratique, pour éviter cet incident, fatal pour l'émetteur, un syndicat de banques se constitue pour en garantir la bonne fin, c'est-à-dire la prise ferme. *A contrario*, les titres de créances négociables peuvent être émis sur le marché en continu, « au robinet ». Notons cependant qu'il pourrait y avoir un dysfonctionnement total du marché, aucun titre n'étant souscrit. En garantie, l'émetteur peut demander à des banques de se substituer au marché ; elles proposent alors leurs prestations sous la forme de ligne de substitution, permettant de réintermédier ce mode de financement.

Enfin, le titre de créance négociable n'est pas une valeur mobilière, il n'est pas coté en Bourse, les négociations se font de gré à gré.

Afin de maintenir l'objectif de financement des entreprises, la place financière de Paris, sous l'égide du Comité de Place de Paris 2020, a décidé de réformer le marché. Nous reprenons ci-dessous les grands principes (décret du 30 mai 2016) :

- ***fusion des titres de maturité inférieure à un an*** : les billets de trésorerie émis par les entreprises et les certificats de dépôt émis par les établissements financiers fusionnent au profit des titres négociables à court terme, désormais appelés ***NEU CP – Negotiable EUropean Commercial Paper*** ;
- les bons à moyen terme négociables deviennent les ***titres négociables à moyen terme*** ;
- les titres peuvent être émis en euros ou une autre devise ;
- les données comptables peuvent être établies selon les normes comptables locales des pays européens ou les normes IFRS ;
- la documentation financière peut être rédigée en une autre langue que le français.

Pour les bons du Trésor, le dernier BTAN (Bon du Trésor annuel normalisé) a été remboursé à son échéance le 25 juillet 2017, pour un montant nominal de 19,3 milliards d'euros.

La dette de l'État n'est plus composée que des ***OAT*** pour les titres à long terme et les ***BTF – Bons du Trésor à taux fixe et à intérêt précompté*** de durée inférieure ou égale à 12 mois.

Les titres à court terme sont à taux fixe tandis que les titres à moyen terme peuvent proposer des taux fixes ou variables.

En matière d'information, celle-ci est contenue dans un dossier de présentation financière tenue à la disposition des souscripteurs. Ce dossier doit être visé par l'AMF, sauf si l'émission fait l'objet d'une notation par une agence de rating.

Enfin, notons que l'AMF a un droit de regard sur la note de présentation puisqu'il y a appel public à l'épargne, mais seule la Banque de France (autorité de tutelle du marché monétaire) a le pouvoir de suspendre ou d'interdire une émission.

Remarque : on parle d'EMTN – *Euro Medium Term Note* – pour les titres de dette à moyen terme lancés sur les marchés internationaux (hors USA et Canada).

2 Les marchés dérivés

Les marchés dérivés sont les marchés sur lesquels se négocient des produits dérivés (options et contrats à terme). Ces produits reposent sur un actif sous-jacent auquel ils se rapportent. Un sous-jacent est un instrument support d'un contrat à terme ou d'un contrat d'option.

■ *Les contrats d'option*

Une option est un droit, et non une obligation, d'acheter ou de vendre un actif sous-jacent (action ou indice par exemple), à un certain prix (prix d'exercice) et pendant une durée donnée. On distingue le *call* – option d'achat – et le *put* – option de vente.

Avant d'aborder les différents types d'options existants, il convient d'expliquer certains termes :

- ***la valeur intrinsèque d'une option*** est la valeur qu'aurait cette option si le jour de l'achat était le jour de l'échéance ;
- ***la valeur temps*** est égale à la différence entre le prix de l'option et sa valeur intrinsèque ;
- ***le prix d'exercice*** – *strike* – est le cours auquel on peut acheter (vendre) les actifs en cas d'exercice pour un *call* (*put*). Les options dont la valeur intrinsèque est strictement positive sont dites « *in the money* » ; celles dont la valeur intrinsèque est nulle sont dites « *out of the money* » ; celles dont le prix d'exercice est proche du cours de l'actif sont dites « *at the money* » ;
- ***le style*** : on parle de style américain pour une option exerçable à tout moment jusqu'à l'échéance, et de style européen pour une option exerçable uniquement à sa date d'échéance ;
- ***le prix d'une option*** – premium – est égal à la somme de sa valeur intrinsèque et de sa valeur temps. Il est donc déterminé par le prix d'exercice et la durée de vie de l'option ;
- ***la quotité*** est, pour les options sur actions, la quantité de titres sur laquelle porte un contrat d'option (100 titres par contrat pour les options de style américain, 10 titres pour les options de style européen) ;
- ***le multiplicateur***, pour les options sur indices, est le montant par lequel on multiplie l'indice pour calculer la valeur sur laquelle porte le contrat.

Les opérations de bases sur les options sont :

- ***l'achat d'un call*** : c'est l'achat d'un droit d'acheter l'actif sous-jacent à un prix et pour une durée déterminés. La perte maximale est égale au prix de l'option, le gain maximal est illimité. L'acheteur du call peut donc jouer la hausse du cours de l'actif. L'achat d'un *call* permet de profiter d'une hausse tout en maîtrisant le risque connu à l'avance et limité au montant de la prime ;
- ***la vente d'un call*** : c'est s'engager à vendre l'actif sous-jacent si l'acheteur du *call* le requiert. Aussi le vendeur doit-il détenir l'actif en portefeuille pour pouvoir faire face audit engagement. La perte maximale est égale à la plus-value que l'investisseur aurait enregistrée sur l'actif. Le gain maximal est égal au montant de la prime encaissée au moment de la vente du *call*. La vente d'un *call* permet de fixer le prix de vente des actions, mais comme indiqué ci-dessus, la stratégie est très risquée si le vendeur ne détient pas les titres en portefeuille ;
- ***l'achat d'un put*** : c'est l'acquisition d'un droit de vendre l'actif à un prix et pour une période déterminés.
  Le risque se limite au prix d'achat du *put*, le gain potentiel est égal à la différence entre le prix d'exercice et le dernier cours de l'actif s'il y a baisse ; l'achat d'un *put* permet de protéger ses titres contre une baisse tout en profitant de cette baisse, la perte maximale étant le montant de la prime ;
- ***la vente d'un put*** : c'est l'obligation d'acheter les titres au prix convenu, si l'acheteur exerce son *put*. Le gain est égal au prix de l'option, mais la perte peut être considérable, si le cours de l'actif baisse. La vente de put permet d'acquérir ultérieurement des titres à un prix inférieur à celui du jour si l'on estime que le cours du sous-jacent va rester stable ou légèrement baisser.

Les options négociées à Paris sont celles sur actions, obligations, indices et marchandises. Notons cependant qu'il existe, outre des options de seconde génération, de nombreux types d'options négociées sur les marchés de gré à gré.

Pour passer un ordre, il convient de préciser :

- le type de l'option (*call* ou *put*) ;
- la valeur sous-jacente ;
- le style de l'option (européen ou américain) ;
- le prix d'exercice ;
- le sens de l'option (achat ou vente) ;
- la quantité (nombre de contrats d'option) ;
- la durée de validité ;
- le type d'ordre.

Les contrats à terme – futures

Un contrat à terme – *future* – est un engagement entre un acheteur et un vendeur sur un marché à terme, dont les caractéristiques sont standardisées (prix ferme et définitif du paiement différé et livraison éventuelle différée).

Sur un marché réglementé, tel Euronext-Liffe, les contrats sont fongibles, ce qui assure le fonctionnement dudit marché et sa sécurité. Celle-ci est également assurée par l'existence d'une chambre de compensation. Une chambre de compensation requiert que toute négociation soit précédée d'un dépôt de garantie, afin de minimiser le risque de défaillance des intervenants. En fin de journée, les positions des intervenants sont fictivement liquidées au cours de compensation. Selon le sens, la marge potentielle est débitrice ou créditrice, et donne lieu à un appel de marge.

Parmi les produits négociés sur les marchés dérivés, on recense :

- les contrats sur actions : les contrats à terme sur actions, appelés USF (*Universal Stock Futures*), sont des contrats dont les sous-jacents sont des actions de grandes entreprises internationales ;
- les dérivés sur devises (Euronext propose des contrats à terme (taille : 20 $) et des options (taille : 100 $) US Dollar/Euro et Euro/Us Dollar) ;
- les dérivés sur indices (Euronext offre des négociations sur contrats d'option ou contrats à terme sur les principaux indices européens, dont le CAC 40, l'AEX, BEL 20, ou les indices FTSE) ;
- les dérivés sur matières premières : Euronext offre des contrats d'options et à terme sur matières premières permettant de gérer les risques de prix et de volatilité desdites matières premières (cacao, café, maïs, pomme de terre, colza, sucre, blé).

Le 14 novembre 2016, Euronext lançait un contrat à terme à livraison physique sur les engrais azotés : « combinant à la fois l'urée et le nitrate d'ammonium, la solution azotée UAN-30 est un produit générique dans la famille des engrais azotés utilisés dans l'ensemble du secteur agricole. Euronext propose un contrat à terme à livraison physique négocié en euros et s'appuyant sur différents partenaires tout au long de la chaîne d'approvisionnement de la production d'engrais, allant des producteurs et des maisons de négoce, aux exploitants de terminaux de stockage, en passant par les coopératives agricoles. Le point de livraison sélectionné pour ce contrat est situé à Rouen (France) – une zone d'échanges majeure dans l'importation des engrais ainsi que dans l'exportation des matières premières agricoles comme le blé. Le cycle initial des échéances est mars, juin, septembre et novembre, couvrant un horizon de cotation de plus de 2 ans, afin d'être en adéquation avec la saisonnalité des semis, des épandages et des récoltes pour les différents types de culture. » (Euronext).

Le 3 janvier 2022, Euronext lançait le *European Durum Wheat Futures*, un contrat à terme sur blé dur, contrat céréalier non livrable.

Il existe par ailleurs des options sur actions ou sur *trackers*, tout autant qu'on peut trouver des mini-dérivés ou des options dites « *spotlight* » (donnant plus de visibilité à des sous-jacents tels que les PME).

3 Le marché des changes

Le marché des changes est le lieu de confrontation de l'offre et de la demande de devises qui permet de fixer le prix d'une devise par rapport à une autre.

Appelé Forex – *Foreign Exchange* –, c'est le marché de capitaux le plus important au monde (6 600 milliards de milliards y sont négociés chaque jour) et c'est le seul marché qui fonctionne en continu 24 heures sur 24. Il est totalement délocalisé, les intervenants étant reliés par téléphone ou informatique.

Les agents économiques (entreprises exportatrices et importatrices, États, ménages, investisseurs et spéculateurs) s'échangent de la monnaie domestique contre une autre devise (euro contre dollar par exemple), et de ses échanges, un prix de l'euro en dollar est établi ; ce prix est appelé taux de change ou parité de change.

Si le prix d'une devise est exprimé en monnaie domestique, on dit qu'il y a cotation à l'incertain (1 $ = 0,9455 €). Si le prix de la monnaie domestique est exprimé en devise, il y a cotation au certain (1 € = 1,0576 $).

On a, par ailleurs, la notion de cours croisés qui permet de connaître la parité d'une monnaie avec toutes les autres principales monnaies.

Cours croisés au comptant					
Devises	EURO	USD	JPY	GBP	CHF
EURO (EUR)	1,00	1,125	155,93	0,8594	0,9680
E.U. (USD)	0,8889	1,00	138,6950	0,7639	1,3234
Japon (JPY)	0,0064	0,0072	1,00	0,0055	0,0095
GB (GBP)	1,1637	1,3091	181,5100	1,00	1,7271
Suisse (CHF)	1,0298	1, 1585	161,0900	0,8849	1,00
Ex : 1 EUR = 1,125 USD					

Source : Boursorama, 2023.

Ce tableau permet de calculer le cours d'une devise par rapport à une autre en utilisant une troisième devise. Pour connaître la parité livre/franc suisse, on utilise le cours livre/dollar puis le cours dollar/franc suisse.

Les intervenants sur le marché des changes sont :

- les banques qui interviennent pour compte propre ou pour le compte de leur clientèle avec leurs opérateurs appelés cambistes ;
- les banques centrales qui interviennent pour stabiliser les cours de change ;
- les grandes entreprises dotées de salle de marché qui interviennent pour se couvrir contre le risque de change ;
- les investisseurs institutionnels qui interviennent au titre de la spéculation ou pour diversifier leur portefeuille.

Le marché des changes est composé de deux marchés :

- le marché au comptant ;
- le marché à terme.

■ *Le marché au comptant*

Sur le marché des changes au comptant, appelé spot, ont lieu les achats et ventes de devises au comptant, c'est-à-dire avec un dénouement de l'opération immédiat.

À cette fin, sont affichés les prix d'achat (*Bid*) et les prix de vente (*Ask*) pour chaque devise.

Le *bid* correspond au prix acheteur, c'est le cours auquel la banque est prête à acheter du dollar contre de l'euro.

Le *ask* correspond au prix vendeur, c'est le cours auquel la banque est prête à vendre du dollar contre de l'euro.

L'écart entre les deux prix est appelé écart *Bid / Ask* ou *spread*.

Spread = [(Cours vendeur – Cours acheteur) / Cours vendeur] × 100

Les cours sont donnés avec 4 chiffres après la virgule. La deuxième décimale est appelée la figure.

La dernière décimale est appelée le *pip* (ou point). Une baisse de 10 *pips* signifie donc que le cours passe de 1,4318 à 1,4308.

■ *Le marché à terme*

Le marché des changes à terme, appelé forward, est le marché qui permet de se couvrir contre le risque de variation du cours d'une devise. Il permet donc à une entreprise de fixer en date d'aujourd'hui le cours d'une devise pour une date ultérieure.

Les échéances cotées sont 1 mois, 3 mois, 6 mois, 1 an.

Il y a la cotation en valeur (*outright rate*) qui est la cotation donnée aux clients des banques, et la cotation en point (celle du marché interbancaire) qui est la différence entre le cours à terme et le cours au comptant.

La cotation en points indique le nombre de points à rajouter (report ou premium) ou à retrancher (déport ou discount) au cours au comptant pour obtenir le cours à terme. Si le cours à terme est supérieur au comptant, on dit que la devise est en report par rapport à la monnaie nationale. Si le cours à terme est inférieur au cours au comptant, on dit que la devise est en déport par rapport à la monnaie nationale.

La fixation des cours à terme s'effectue via les cours du spot et les taux d'intérêt. Pour connaître les cours acheteur et vendeur à terme, il faut connaître les cours au comptant et les taux d'intérêt.

Deux méthodes principales peuvent être utilisées pour calculer les cours à terme : le calcul direct ou le calcul par le biais du report et déport.

Exemple

Soit les taux suivants :

	Taux emprunteur	Taux prêteur
Taux 1 an $	4 %	4,25 %
Taux 1 an €	5,25 %	5,75 %
Cours comptant	€ / $ 1,053 $ / € 0,9497	1,054 0,9487

1re méthode : calcul direct du cours à terme

– Calcul du cours acheteur $/€ :

Une banque s'engage à acheter 1 000 000 $ contre de l'euro.

• La banque emprunte des dollars au taux prêteur, soit :

1 000 000 / (1 + 4, 25 %) = 959 232,61 $

• Elle transforme ses dollars en euros au cours comptant, soit :

959 232,61 × 0,9497 = 910 983,21 €

La banque place ces euros sur les marchés pour une durée d'un an (au taux emprunteur), soit :

910 983,21 × (1 + 5, 75 %) = 963 364,74

• Dans un an, la banque fournit 961 087,29 € contre 1 000 000 $

Le cours acheteur à terme sera : 961 087,29 / 1 000 000 = 0,9611.

– Calcul du cours vendeur $/€ :

Une banque s'engage à vendre 1 000 000 $ contre de l'euro.

• La banque emprunte des euros au taux prêteur, soit : 1 000 000 / (1 + 4 %) = 961 538,46 $

• Le montant en euros sera : 961 538,46 × 0,9487 = 912 211,54 €

• Dans un an, le placement aura donné : 912 211,54 × (1 + 0, 0575) = 964 663,70 €

Le cours vendeur à terme sera : 964 663,70 / 1 000 000 = 0,9647.

2e méthode : Report / Deport

Le report et le déport reflètent la différence de taux d'intérêt, et sont calculés à partir du cours comptant et de la différence de taux (il y a report si la différence de taux est positive, et déport dans le cas inverse).

– Calcul du report/déport pour le cours acheteur

CCA = Cours comptant acheteur

Report/déport

= [CCA × (Taux emprunteur € – Taux prêt $) × J] / [36 000 + (Taux prêteur $ × J)]

= [0,9497 × (5,50 % – 4,25 %) × 360] / [36 000 + (4,25 % × 360)]

= 0,01139, soit 114 points swaps

– Calcul du report/déport pour le cours vendeur

CCV = Cours comptant vendeur

Report/déport

= [CCV × (Taux prêteur € – Taux emprunteur $) × J] / [36 000 + (Taux emprunteur $ × 360)]

= [0,9487 × (5,75 % – 4 %) × 360] / [36 000 + (4 % × 360)]

= 0,01596, soit 116 points *swaps*

Finalement, selon cette technique de calcul, on a :

	Achat	Vente
Cours comptant $/€	0,9497	0,9487
Points swaps	114	160
Cours à terme $/€	0,9611	0,9647

Sans entrer dans le détail, nous exposons brièvement les instruments de couverture sur le marché des changes.

Sur les marchés de futures, les entreprises disposent des contrats de future de devises qui représentent un engagement de livrer ou de prendre livraison d'un montant donné de devises à une date future spécifiée à un prix déterminé au jour du contrat. Ces contrats sont standardisés. Le principe de couverture a lieu d'être lorsque deux parties veulent se couvrir contre des risques opposés ou anticipent des évolutions différentes ; il y a alors accord entre les deux pour échanger un montant de devises pour une date future à un prix convenu d'avance.

Sur les marchés de gré à gré, les entreprises disposent des options de gré à gré qui représentent un contrat conclu entre deux parties, qui donne droit à l'acheteur (et non l'obligation) d'acheter (option d'achat) ou de vendre (option de vente) un certain montant de devises à un prix fixé à l'avance pendant une période de temps définie ou à une date déterminée. Notons qu'il existe également des options de change sur les marchés organisés.

Enfin, les entreprises peuvent utiliser les swaps. On parle de *swap* de devises (*currency swap*) à taux fixe qui est engagement de gré à gré par lequel deux contreparties échangent des flux financiers libellés dans deux devises différentes et avec des taux d'intérêt fixes, et le *swap* de devises et de taux (*currency coupon swap*) qui est un engagement de gré à gré par lequel deux contreparties échangent des flux financiers dans deux devises différentes et avec des taux différents, l'un fixe et l'autre flottant.

Dans ce chapitre, nous avons présenté de façon très succincte les autres marchés de capitaux. Mais ces marchés sont interconnectés, et nous proposons ci-dessous un schéma qui permet d'appréhender l'ensemble des marchés de capitaux et leurs courroies de transmission.

Le règlement EMIR

Le règlement EMIR – *European Market and Infrastructure Regulation* – est entré en vigueur le 16 août 2012 et est complété par des standards entrés en vigueur le 15 mars 2013, conformément aux attentes du G20 de Pittsburgh tenu en 2009 afin de réguler davantage les marchés dérivés.

Selon l'AMF (document publié en août 2016), EMIR repose sur les principes suivants :

- une obligation de compensation centrale de l'ensemble des dérivés négociés de gré à gré jugés par l'ESMA suffisamment liquides et standardisés. De ce fait, le risque de contrepartie sera intégralement transféré aux chambres de compensation ;
- un cadre juridique harmonisé au niveau européen destiné à assurer que les chambres de compensation respectent des exigences fortes en termes de capital, d'organisation, et de règles de conduite ;
- le recours à un ensemble de techniques d'atténuation des risques opérationnels et de contrepartie pour les contrats non compensés ;
- une obligation de déclaration à des référentiels centraux de l'ensemble des transactions sur produits dérivés.

Le règlement s'applique à l'ensemble des établissements de crédit, entreprises d'investissement, compagnies d'assurances et sociétés de gestion pour toute transaction sur les dérivés (sauf cas particuliers de transactions entre deux entités d'un même groupe).

4 EEX – Powernext

Powernext est une plateforme de négociation européenne créée en 2001 pour les marchés spot et dérivés du secteur de l'énergie. Elle a obtenu le statut de marché réglementé en 2014.

Les plateformes de négociation de l'électricité européennes se sont progressivement concentrées ; Powernext est basée en France, EEX en Allemagne. Depuis le 1er mai 2013, Powernext est « l'organisme en charge de la délivrance, du transfert et de l'annulation des garanties d'origine de l'électricité produite à partir de sources d'énergie renouvelables ou par cogénération ».

Depuis le 1er janvier 2020, Powernext est intégré à EEX – *European Energy Exchange* – et permet de facto aux membres de négocier sur une plateforme unique le gaz naturel, l'électricité et les quotas d'émission de CO_2.

5 Les ICO

Une ***ICO – Initial Coin Offering*** – est un appel à un financement public de jetons ou « *token* » auquel participent les investisseurs via les crypto-monnaies, voire via une monnaie régulée.

Un jeton ouvre des droits aux souscripteurs tels que des accès aux produits et services de l'émetteur.

On appelle ***crypto-monnaie***, une monnaie virtuelle créée par et circulant via un réseau informatique décentralisé. La Banque de France, à ce jour, ne considère pas ces crypto-monnaies comme de la monnaie *stricto sensu* car ne remplissant pas les trois fonctions d'une monnaie (réserve de valeur, instrument de transaction et unité de compte). Notons cependant que les banques centrales (notamment la banque centrale de Suède) réfléchissent à créer une alternative à la monnaie fiduciaire au profit peut-être d'une crypto-monnaie Banque Centrale.

La loi PACTE a cependant créé un régime optionnel pour l'émission de jetons et l'AMF permet à certaines ICO de bénéficier d'un visa.

Le règlement européen MiCA – Markets in Crypto-Assets – est entré en vigueur le 29 juin 2023 pour réguler les marchés. Il est applicable à partir du 30 décembre 2024 (le 30 juin 2024 pour les *stablecoins*). Il a pour objet d'offrir un cadre harmonisé au niveau de l'Europe en termes d'offre et d'admission aux négociations des jetons, de fourniture de services sur les crypto-actifs et de la prévention des abus de marché sur ces actifs. Nonobstant, l'autorité des marchés indique quelques éléments pour mettre en garde les souscripteurs potentiels. Elle précise les éléments suivants (*source : AMF*) :

- « Le visa porte sur une offre de jetons, dont la durée ne peut pas excéder 6 mois, mais ne porte pas sur la société émettrice de ces jetons ;
- la délivrance du visa ne constitue pas une incitation à prendre part à l'offre de jetons ;
- l'AMF ne procède à aucune vérification des programmes informatiques associés à cette offre, ni l'information qui peut être transmise aux investisseurs postérieurement à l'offre de jetons ».

Si une offre de jetons n'est plus conforme au document d'information, l'AMF se garde le droit de retirer son visa.

Le 18 décembre 2019, l'AMF a visé une première ICO pour la société French-ICO, entreprise à l'origine d'une plateforme de financement de projets en crypto-monnaie.

La levée de fonds a permis d'obtenir 574,85 ethers (équivalent 123 968 €) face à un objectif de départ de 500.

Focus : Les Agences de Papa (devenu Versity), introduction en bourse sur Euronext et ICO libellée en Token

Versity (ex-Les agences de Papa depuis 2023) est une agence immobilière en ligne, 100 % digitale.

Elle s'est introduite en bourse le 12 mai 2021 sur Euronext Access par le biais d'une admission technique (valeur nominale des titres : 0,075 € ; prix d'admission : 0,50 € ; nombre de titres composant le capital social : 45 600 336).

Le 17 septembre 2021, elle a procédé à une double augmentation de capital pour un montant de 6,47 millions d'euros (prime d'émission incluse) via l'émission de 10 095 128 actions nouvelles provenant notamment de l'exercice de bons de souscriptions par certains actionnaires historiques de la société ayant apporté leur compte courant, et via un placement privé auprès d'un cercle restreint de 35 investisseurs. Au total, les actions émises représentent 16,24 % du capital.

Le 23 juin 2022, un premier round d'une ICO a permis à l'entreprise d'obtenir 4,75 millions de Token City pour financer son projet Metavers Versity.

Notons en outre qu'en octobre 2021, l'entreprise est devenue Entreprise à mission (cf. loi *Pacte*) en se dotant de la raison d'être suivante : « Engagé dans une révolution digitale, le défi des Agences de Papa est de bâtir un monde plus juste en facilitant l'accès au logement au plus grand nombre ; tout en œuvrant pour un monde solidaire par le soutien d'associations et l'accompagnement des entrepreneurs de demain. »

Source : https://lesagencesdepapa.fr/

Le 31 mai 2023, l'entreprise a levé 19,1 millions d'euros (dont 4 millions via le fonds d'investissement suisse Capital Système Investissement, 6,7 millions par le biais d'émissions de bons de souscription d'actions, 7 millions d'apports des co-fondateurs).

Le 20 juin 2023, l'entreprise a signé un contrat avec la plateforme turque Bitexen pour la cotation de son Token fixée à 0,015 $.

6 Les SPAC

Les SPAC – *Special Purpose Acquisition Company* – (véhicule coté dédié à des acquisitions) est une structure spécifiquement créée pour l'acquisition d'entreprises non cotées afin de leur offrir un accès à l'appel public à l'épargne avec moins de contraintes et lourdeurs que pour une introduction en bourse traditionnelle.

Le premier SPAC en France fut Mediawan, studio européen de contenus audiovisuels, qui avait levé 250 millions d'euros et avait été introduit en bourse en 2016. En février 2021, le premier SPAC dédié aux services financiers, Pegasus Europe est lancé.

En juin 2022, on dénombrait 70 nouveaux SPAC cotés à Wall Street pour des levées de fonds de 12 milliards de dollars, contre 613 SPAC et 83 milliards de dollars en 2021. En Europe, les chiffres sont bien moindres, 6 nouveaux SPAC créés en 2022 pour 1,5 milliard d'euros levés.

Notons qu'un investissement dans un SPAC n'est pas sans risque pour un épargnant, ces véhicules restant des coquilles vides. À titre d'exemple, l'introduction en bourse de Deezer en juillet 2022 via un SPAC démontre les quelques difficultés de ces supports.

7 État synoptique des marchés de capitaux

Pour conclure ce chapitre, les différents marchés de capitaux sont présentés dans le schéma ci-après.

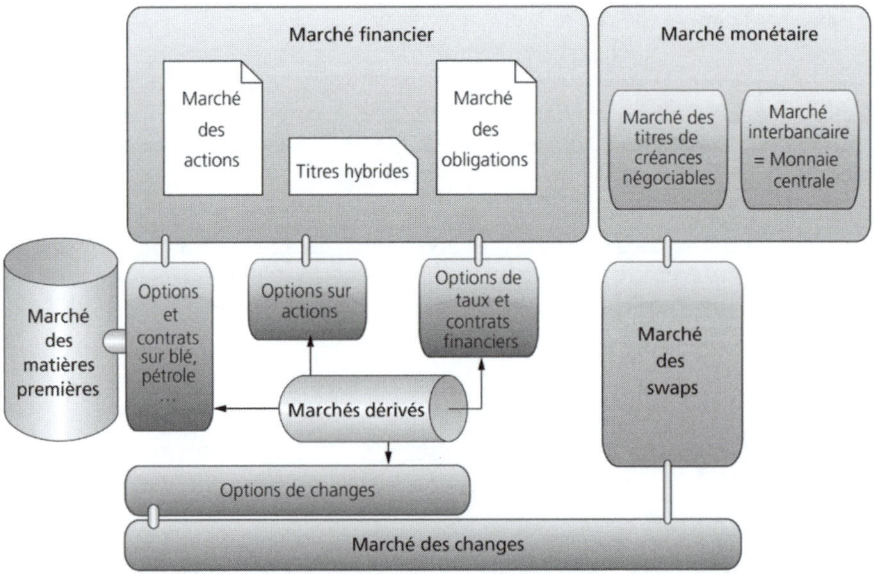

Chapitre 7

Que se passe-t-il après la Bourse ?

Après les négociations boursières, les titres doivent être livrés du vendeur à l'acheteur et les espèces doivent être réglées par l'acheteur au vendeur. C'est le traitement du back-office qui s'effectue selon des normes de place.

1 Généralités

Lorsque les ordres ont été exécutés en bourse, les titres doivent être transférés du vendeur à l'acheteur, de façon scripturale puisque les titres ont été dématérialisés en 1984 sur la place financière de Paris.

C'est ce qu'on appelle le post-bourse ou back-office.

Ces opérations sont effectuées par les banques gérant les comptes-titres des particuliers et des professionnels qui disposent chacune de comptes-titres, valeur par valeur, chez le dépositaire central de titres Euroclear.

Un dépositaire central conserve, pour le compte de ses participants, des valeurs mobilières et exécute les livraisons des titres sur instructions des participants ou des organismes de compensation.

En effet, pour chaque valeur cotée en bourse, Euroclear ouvre un compte-titres appelé compte-émission pour répartition ensuite dans les comptes de ses participants, à savoir les banques et intermédiaires financiers.

Vue générale des comptes-titres dans un système dématérialisé

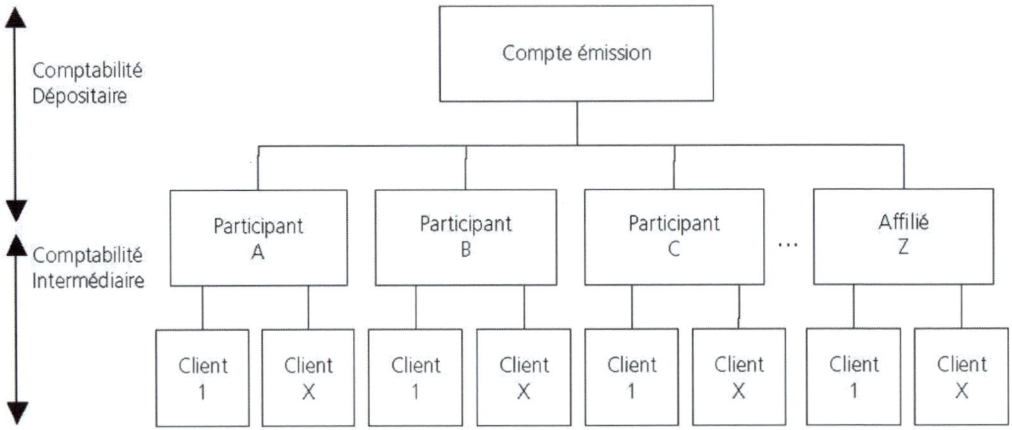

Après chaque négociation boursière, les flux de titres et d'espèces sont tels ci-dessous.

Flux après négociation

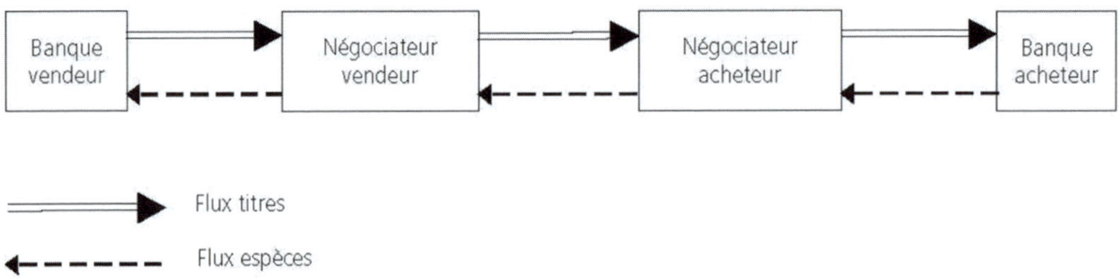

Les étapes des traitements post-bourse se décomposent telles qu'exposées ci-dessous.

Procédures de règlement-livraison

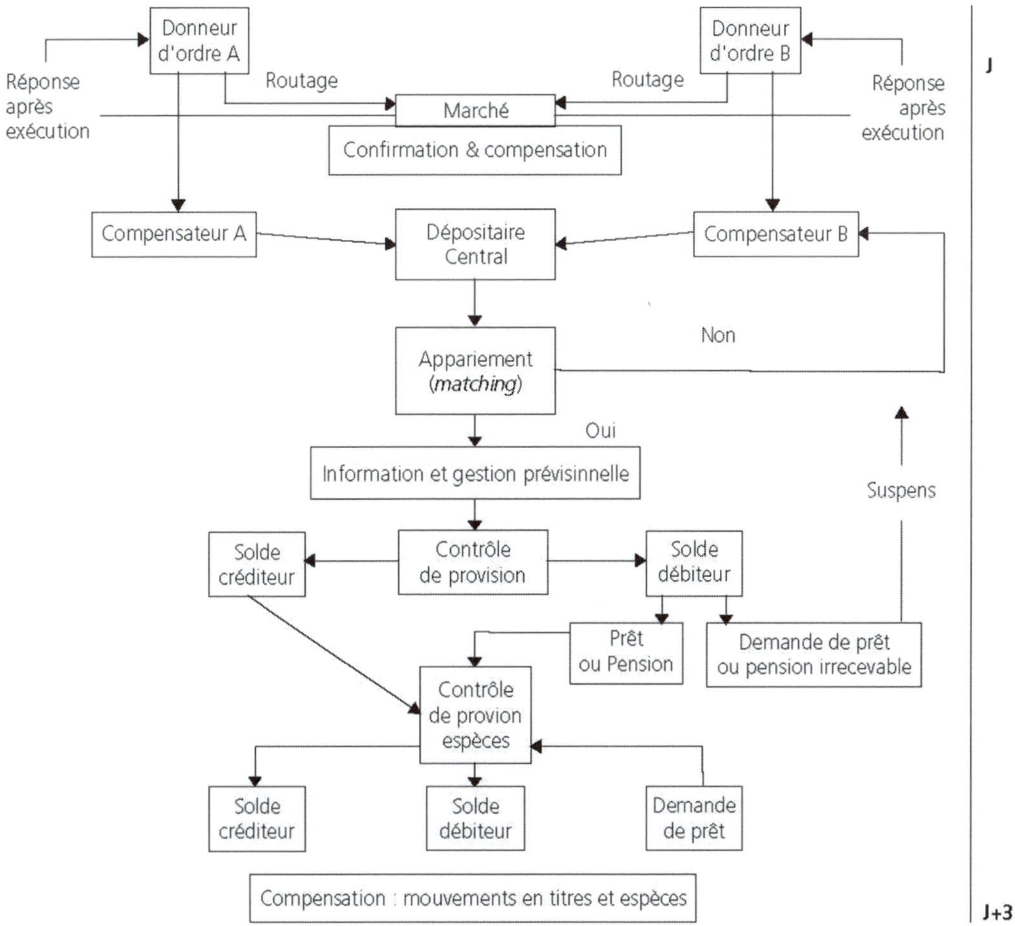

Selon ce schéma, après une décision d'investissement, intervient une négociation (sur un marché réglementé ou non) qui se terminera par un dénouement, donc un règlement en espèces et une livraison de titres entre deux contreparties.

Avant le dénouement, un appariement des instructions de l'acheteur et du vendeur est nécessaire pour réduire au maximum les risques de mésentente entre les deux. Celui-ci doit également s'accompagner d'un reporting.

Après appariement, le dépositaire informe les négociateurs afin qu'ils procèdent à une gestion prévisionnelle efficace en titres et en espèces.

La phase dénouement de la négociation démarre ensuite par un contrôle de provisions (afin de minimiser les risques de non-livraison pour l'acheteur et de défaut de règlement pour le vendeur).

Le dénouement s'effectue selon le principe de la livraison contre paiement, accompagnée d'une information destinée aux intermédiaires et est définitivement entériné par une imputation des comptes-titres et comptes-espèces des intermédiaires.

L'imputation des comptes-titres s'effectue chez Euroclear au plus tard 3 jours après la négociation.

Notons que ce délai est transparent pour l'investisseur final car l'acheteur est rendu propriétaire à la date de valeur de la négociation boursière.

Simultanément, les comptes-titres sont imputés en Euroclear et les comptes-espèces en Banque de France pour les contre-valeurs espèces des négociations. Ces opérations sont réalisées selon la technique de la livraison contre paiement (simultanéité des règlements espèces et des livraisons de titres) dans les systèmes de règlement-livraison d'Euroclear Relit et RGV.

Le dépositaire central assure l'équilibre de la circulation des titres en garantissant l'étanchéité du système.

En parallèle de la conservation scripturale de tous les titres de toutes les valeurs cotées sur Euronext, Euroclear assure les opérations sur titres.

2 La gestion des opérations sur titres

Une opération sur titre est un événement, voulu par l'émetteur ou le législateur, modifiant au minimum une caractéristique d'une valeur mobilière. Il existe des OST administratives (sans impact comptable) et des OST comptables (automatique ou non). À titre d'exemple, une réduction de la valeur nominale (*split*) est une OST administrative, un détachement de droit d'attribution sans rompus (1 action nouvelle pour 1 ancienne) est une OST comptable automatique tandis qu'un échange avec rompus est une OST comptable non automatique (requérant l'intervention du détenteur de titres).

Parmi les nombreuses opérations sur titres, on a :
- les détachements de droit ou de coupon ;
- les augmentations ou réductions de la valeur nominale ;
- les échanges de titres ;
- les remboursements de titres de capital ;
- l'abandon ou la mise en place de la nominativité obligatoire ;
- la liquidation ;
- etc.

Exemple d'un détachement de coupon

Nous prenons ici l'exemple du traitement d'un détachement de coupon par paiement direct.

L'objectif de cette méthode est de permettre aux intermédiaires teneurs de compte de percevoir les espèces dès l'échéance d'un paiement de produit ou d'un remboursement afin de régler leurs clients ayants droit. Ils disposent ainsi d'une meilleure trésorerie.

Par ailleurs, cette technique permet également de supprimer certaines procédures longues et coûteuses : à défaut du paiement direct, Euroclear France se doit d'ouvrir des comptes coupons, reflet des comptes-titres de ses participants, et procéder à des virements sur ces comptes afin que les intermédiaires puissent toucher les espèces dues.

Le paiement direct repose sur le principe d'un compte pivot ouvert en Banque de France au nom d'Euroclear France. Ce compte pivot est alors alimenté le matin du détachement par l'émetteur ou son centralisateur à hauteur de la valeur des coupons dus aux détenteurs. En cours de journée, il est « vidé », par débits successifs au bénéfice des intermédiaires.

En date de valeur du détachement de coupon, les intermédiaires disposent obligatoirement du montant des coupons, leur permettant de créditer les comptes-espèces des détenteurs finaux sans perte de trésorerie.

La gestion des titres au porteur identifiable

Le Titre au porteur identifiable (TPI) a été créé par la loi du 17 juin 1987 pour pallier les inconvénients de la forme nominative. Il a été revu par la loi du 15 mai 2001 relative aux nouvelles régulations économiques et son décret d'application du 3 mai 2002.

Le principe est celui d'une circulation des titres sous la forme porteur mais l'émetteur peut, à chaque fois qu'il le désire, connaître son actionnariat. Cette demande s'effectue auprès d'Euroclear France qui répercute cette demande à ses participants.

Après recueillement et retraitement des informations (consolidation éventuelle des comptes-titres et occultation du nom de l'intermédiaire financier), le dépositaire central renvoie les noms des détenteurs à l'émetteur ou à son mandataire désigné.

La procédure globale se présente ainsi (*source : C. Karyotis, Vingt ans de rétrospective dans les titres en France, Banque Éditeur, 2005*) :

La gestion d'une demande TPI

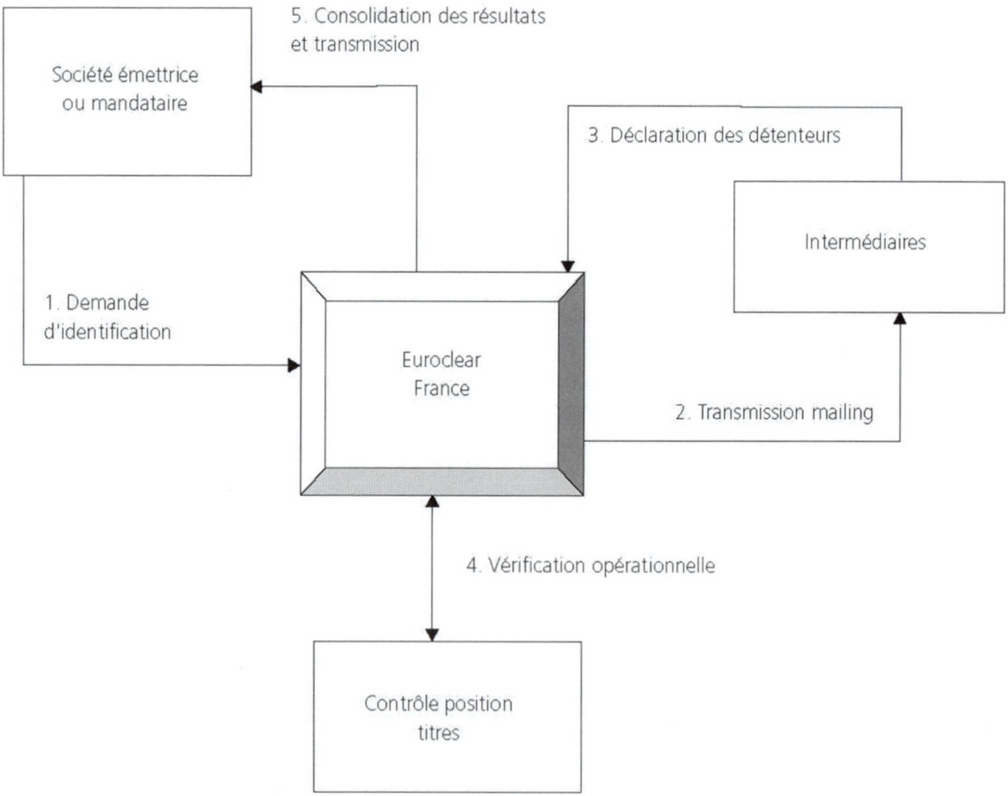

La directive SRD II (*Shareholders' right Directive*) entrera en vigueur en septembre 2020. Elle pour objet de renforcer le droit des actionnaires plus encore que cela n'a été fait par la SRD I entrée en vigueur en 2007. À cette fin, elle doit permettre une connaissance plus rapide encore des actionnaires d'une entreprise en vue de renforcer la stabilité financière des places boursières européennes. La technique du TPI sera donc proposée à tous les émetteurs.

Si la procédure existe en France via le TPI, ce n'est pas le cas dans tous les pays. En conséquence, Euroclear a décidé d'anticiper la directive pour étendre le processus TPI dans tous les pays où le dépositaire est présent et en raccourcissant les délais de traitement. Aujourd'hui, le traitement est passé de 9 à 6 jours ; il passera à J+ 1 avec une unicité en termes de présentation des données ; enfin, pour inciter les émetteurs à opter pour cette prestation, les tarifs devraient être considérablement baissés.

À terme, une plateforme digitale dédiée au TPI sera développée avec « une application de type API qui permettra aux émetteurs de récupérer automatiquement les informations demandées auprès des différents intermédiaires financiers. Les émetteurs pourraient ainsi connaître la composition précise de leur actionnariat de façon quasi instantanée » comme le précise Euroclear (*source : Option Finance, 12 novembre 2019*).

Focus sur l'historique d'Euroclear

La Sicovam a été créée par le décret du 4 août 1945, sous la forme de société commerciale, ayant pour objet social de faciliter la compensation des négociations boursières par des virements de titres entre les teneurs de comptes.

Depuis le 10 janvier 2001, conformément aux accords signés en septembre 2000, Sicovam SA a disparu au profit d'Euroclear France, filiale du groupe Euroclear SA/NV, organisme supranational dont le siège est à Bruxelles.

Les participants du dépositaire, teneurs de comptes titres, sont les négociateurs et les banques habilitées à gérer des comptes-titres. Ils sont alors affiliés ou sous-affiliés. Un sous-affilié fait gérer son compte-titres chez le dépositaire par le biais d'un autre établissement. Par ailleurs, depuis la dématérialisation des titres, les émetteurs sont de droit habilités à gérer les comptes-titres de leurs propres émissions. La plupart d'entre eux n'ont pas vocation à le faire, et ont préféré mandater un établissement financier à cette fin. Cet établissement assure alors le rôle de « service financier » de l'émetteur.

Le groupe Euroclear compte, parmi ses participants, plus de 2 000 institutions financières (banques, brokers/ dealers, gestionnaires de titres autres institutions spécialistes des titres) situées dans 90 pays. Il affiche 37,6 trillions d'euros en conservation pour 276 millions de transactions par an.

Euroclear France est le dépositaire central national ; à ce titre, il admet à ses opérations l'ensemble des valeurs cotées sur Euronext, et est garant de l'étanchéité du système (notion particulièrement importante depuis la dématérialisation des titres intervenue le 3 novembre 1984).

Euroclear France est gestionnaire du système de règlement-livraison de titres. Il propose, en conséquence, une offre globale pour les actions et les produits de taux, des services adaptés aux marchés organisés d'Euronext et des accès aux plates-formes de négociation et aux marchés de gré à gré.

Il assure les prestations suivantes :

– conservation de titres ;

– fongibilité des titres ;

– tenue de comptes-titres ;

– appariement/confirmation de négociations ;

– livraison franco et contre paiement ;

– livraisons internationales ;

– prêt/emprunt de titres ;

– prestation de « nominee » ;

– gestion des références nominatives ;

– gestion des titres au porteur identifiable ;

– pension livrée ;

– opérations de marché primaire et marché gris ;

– collecte et diffusion des informations relatives aux valeurs admises.

Au total, Euroclear couvre les marchés français, belge, néerlandais, suédois, danois, finlandais, britannique et italien.

Chapitre 8

Glossaire

Dans ce chapitre, les principaux termes utilisés dans l'ouvrage sont repris sous la forme d'un glossaire à vocation pédagogique.

Abus de marché : il existe lorsque les investisseurs peuvent être lésés directement ou indirectement par un tiers qui a utilisé des informations confidentielles (délit d'initié), a potentiellement faussé la fixation normale des cours et transmis de fausses informations.

La nouvelle directive de 2014 prévoit une peine pouvant aller jusqu'à 4 ans de prison pour les délits les plus importants, 2 ans pour la divulgation illicite d'informations privilégiées et une amende pouvant aller jusqu'à 5 millions d'euros pour toute personne physique et jusqu'à 15 millions d'euros ou 15 % du chiffre d'affaires pour une personne morale.

Action : Titre de capital émis par une société de capitaux représentatif de la valeur du capital social de ladite société.

Action à bons de souscription d'action(s) : Action assortie d'un ou plusieurs bons négociables permettant de souscrire à de nouvelles actions émises ultérieurement, à un prix et dans des conditions précisées à l'émission de l'ABSA. Le bon est détaché automatiquement de l'action et négociable sur le marché des bons.

Action de préférence : Action assortie de droits particuliers spécifiés dans les statuts de l'émetteur (loi du 24 juin 2004). Ces droits peuvent être de toute nature : droit de vote accordé pour un délai précis, suspendu ou supprimé ; droit pécuniaire (dividende prioritaire, cumulatif, progressif, dégressif...) ; droits divers (avantages en nature, droit de priorité à l'information...).

Action ordinaire : Action de numéraire dont le montant a été libéré en espèce ou émise par incorporation de réserves au capital.

Actualisation : Inverse de la capitalisation. Elle détermine la valeur de différents flux qui s'effectueront à des dates futures. Elle permet de comparer, à une date donnée, des flux reçus ou à recevoir à des dates différentes.

Adjudication : Technique de mise aux enchères utilisée lors des émissions de bons ou d'obligations du Trésor.

Aller-retour : Achat puis revente quasi-immédiate d'une valeur pour maximiser les gains.

Allocation d'actifs : Processus de gestion consistant en une répartition d'un portefeuille en classes d'actifs, en fonction des horizons de placement et des risques que les investisseurs sont prêts à prendre.

AMF (Autorité des marchés financiers) : Autorité de tutelle des marchés boursiers d'Euronext Paris.

Appel de marge : Versement de fonds correspondant au calcul des positions nettes débitrices des opérateurs sur les marchés dérivés.

Assemblée générale : Réunion plénière des actionnaires d'une entreprise. L'assemblée générale ordinaire (AGO) doit se faire dans les 6 mois qui suivent la date de clôture de l'exercice : les actionnaires doivent approuver les comptes, voter la répartition du bénéfice et nommer les administrateurs.

L'assemblée générale extraordinaire (AGE) a lieu d'être pour des prises de décisions exceptionnelles : augmentation de capital, changement de statut...

Assimilation : Rattachement de nouveaux titres à des titres antérieurement émis, aux caractéristiques identiques. Cette technique est utilisée pour les obligations du Trésor.

Augmentation de capital : Accroissement des fonds propres d'une entreprise. On distingue les augmentations de capital en numéraire (par apport d'argent frais réalisé par souscription) et les augmentations de capital par incorporation de réserves (par distribution gratuite d'actions aux anciens actionnaires).

Autocontrôle : Part du capital d'une entreprise détenue par elle-même. Il est limité à 10 % du capital.

Avis d'opéré : Document précisant les conditions d'exécution d'un ordre en bourse.

Bar-Charts : Barrette verticale encadrée par 2 tirets horizontaux qui indiquent le cours le plus haut (et le plus bas) de la séance boursière. Un 3e tiret représente le cours de clôture.

Benchmark : Indice (ou combinaison d'indices) de référence utilisé pour mesurer la rentabilité d'une gestion par rapport à un objectif prédéterminé.

Bilan : État comptable présentant le patrimoine de l'entreprise. Il est décomposé en actif faisant état des biens et des stocks possédés et des créances de l'entreprise, et en passif, faisant état des ressources de l'entreprise (capitaux propres, dettes et résultat).

Bloc : Quantité importante de titres échangés en bourse susceptible de modifier le cours de la valeur.

Blue chip : Valeurs « phare » d'une bourse, valeurs à forte capitalisation.

BNPA (Bénéfice net par action) : Résultat net / Nombre d'actions.

Bon de souscription : Bon donnant droit de souscrire à un titre (action ou obligation) à des conditions prédéterminées (prix et période d'exercice). Ce bon peut être rattaché à un titre ou être autonome.

Bougie : Élément de chandelier japonais.

CAC 40 : Indice « phare » de la Bourse de Paris, composé des 40 plus grosses capitalisations. C'est l'équivalent du Dow Jones (30 valeurs) à Wall Street, Footsie à Londres (100 valeurs), DAX (30 valeurs) à Francfort, Nikkei à Tokyo...

Call : Option d'achat.

Capacité d'autofinancement (CAF), ou *cash-flow* : Résultat net + Dotations aux amortissements et provisions à caractères de réserves.

Capital social : Ensemble des apports en espèce ou en nature des associés lors de la création de l'entreprise ou lors des augmentations de capital. Il est égal au total de la valeur nominale des actions émises et est inscrit au bilan de l'entreprise.

Capitalisation : Valorisation d'un capital par réinvestissement des flux.

Capitalisation boursière : Nombre de titres multiplié par le cours.

Capitaux propres : Ensemble comprenant le capital social, les primes d'émission d'actions, les réserves, le report à nouveau, les subventions d'investissement et les provisions réglementées. Les capitaux propres sont, sur le plan juridique, la garantie des tiers.

Carnet d'ordres : Regroupement des ordres par valeur et classé par limite de prix. Il est sous forme électronique en Bourse de Paris depuis 1986.

Cash-flow : Flux de trésorerie. C'est un mouvement, d'entrée ou de sortie, de liquidités.

Chambre de compensation : Institution financière garante de la bonne fin des opérations sur un marché s'interposant entre l'acheteur et le vendeur.

Chandelier japonais : Graphique de l'évolution des cours d'une valeur. Les chandelles sont blanches pour une séance haussière, noires pour une séance baissière.

Charts : Terme anglais signifiant graphe, duquel dérive chartisme (analyse graphique).

Chiffre d'affaires : Total des ventes d'une entreprise.

Code ISIN (ex-code Sicovam) : Code international d'identification alphanumérique des titres cotés en Bourse. Il est composé de 12 caractères, dont les 2 premiers sont alphabétiques et utilisés pour déterminer le pays d'émission de la valeur. Exemple : L'action Air Liquide est identifiée par le code FR0000120073 (son code Sicovam était 12007).

Compensation : Échange de créances réciproques entre opérateurs ou banques, permettant le règlement du solde. On parle également de *clearing*.

Compte de résultat : Document comptable faisant état des opérations effectuées au cours de l'exercice (charges et produits) qui permettent de dégager un résultat (bénéfice ou perte).

Conservation : Dépôt de titres et d'espèces auprès d'un intermédiaire financier assurant la gestion administrative et comptable de ces titres.

Corbeille : Nom donné à la bourse datant du temps du palais Brongniart, lorsque les cotations boursières étaient réalisées manuellement par les agents de change en bourse de Paris. La corbeille n'existe plus depuis 1986.

Cotation : Fixation d'un cours par la confrontation des offres et des demandes. On distingue la cotation en continu (au fur et à mesure de l'arrivée d'un ordre d'achat ou de vente confronté ordres restants pour donner à un nouveau cours d'équilibre) de la cotation au *fixing* (confrontation à des heures fixes).

Cotation directe : Méthode d'introduction en bourse avec un prix d'émission fixé comme minimal avec une variation maximale de cours. Les ordres sont alors donnés avec un cours limité (supérieur au prix minimal donné par l'émetteur). L'introduction permet de rendre les titres négociables sans qu'il ait de levée de fonds.

La cotation directe est également appelée cotation technique.

Coupe-circuit : Arrêt des cotations boursières utilisé en période de forte volatilité pour éviter la chute drastique des cours de bourse.

Coupon : Terme générique pour nommer le revenu d'un titre. Le dividende est celui de l'action, l'intérêt est celui de l'obligation.

Coupon couru : Fraction d'intérêt attachée à une obligation entre deux dates de détachement de coupon.

Cours de bourse : Prix d'une valeur mobilière résultant de la confrontation des ordres d'achat aux ordres de ventes.

Courtier : Intermédiaire financier chargé de l'exécution et de la gestion des ordres de bourses.

Créances clients : Sommes dues à l'entreprise par ses clients.

Création de valeur : Capacité d'une entreprise à réaliser des investissements rentables, c'est-à-dire dégageant un taux de rentabilité supérieur au coût du capital. On parle de création de valeur économique déterminant la richesse produite par l'entreprise par rapport aux capitaux injectés et de création de valeur actionnariale déterminant la richesse destinée aux actionnaires.

Criée : Mode de cotation pour une bourse non informatisée, telle la Bourse de Paris avant 1986.

Crossing Network : Système d'appariement des ordres entre clients d'un prestataire permettant de croiser des ordres d'achat et des ordres de vente.

CSRD – *Corporate Sustainability Reporting Directive* : Directive européenne entrée en vigueur le 1er janvier 2024 renforçant les exigences de reporting de durabilité.

Dark Pool : Plateforme organisée de négociation sans obligation de transparence pré-négociation, les ordres sont donc passés sans publication de prix et de quantité préalable, mais avec obligation de publication post-négociation.

Date de jouissance : Date de démarrage du droit au revenu.

Date de valeur : Date de départ du calcul des intérêts des fonds débités ou crédités sur un compte.

Découvert (Achat ou vente à) : Opération permettant d'acheter des titres sans avoir les espèces correspondantes ou de vendre sans avoir les titres en portefeuille (en vue de spéculer à la hausse ou à la baisse des cours de bourse).

Délai de recouvrement : Nombre d'années nécessaires pour récupérer son investissement initial.

Le principe est utilisé pour le marché des actions et est basé sur les dividendes futurs actualisés.

Délit d'initié : Fait de détenir une information non connue de tous, et mise à profit pour s'enrichir en bourse. C'est une infraction pénale.

Dématérialisation : Suppression du support papier représentatif d'un titre. En France, les titres ont été dématérialisés le 3 novembre 1984.

Démembrement (*Stripping*) : Découpage d'une obligation en autant de titres qu'il existe de flux (d'intérêts et de remboursement).

Dénouement : Débouclage final d'une transaction selon le principe de la livraison contre paiement.

Dépositaire : Établissement financier conservant les titres en portefeuille sous forme scripturale.

Dépositaire central de titres : Organisme qui conserve, pour le compte de ses participants, des valeurs mobilières et exécute les livraisons des titres sur instructions des participants ou des organismes de compensation.

Dépôt de garantie : Remise de titres ou d'espèces pour couvrir un ordre à règlement différé ou une opération sur les marchés dérivés.

Détachement de coupon : Versement de l'intérêt sur une obligation.

Dilution : Diminution du bénéfice par action, liée à une augmentation de capital ; on parle également de dilution du pouvoir par augmentation des droits de vote.

Directive MIF (Marchés d'instruments financiers) : Directive européenne, entrée en vigueur le 1er novembre 2007, instaurant un nouveau cadre réglementaire des activités de marché dans l'ensemble de l'Union européenne (mise en concurrence des bourses traditionnelles et électroniques, et des intermédiaires financiers), harmonisation des réglementations nationales, protection accrue des investisseurs et transparence renforcée sur les négociations.

Dividende : Fraction du résultat net après impôt distribué aux actionnaires.

Division (*split*) : Division de la valeur nominale d'une action. La division induit une multiplication proportionnelle du nombre de titres en circulation.

Double matérialité : conjonction de la matérialité financière (simple matérialité) et de la matérialité socio-environnementale ou d'impact. La simple matérialité (*outside-in*) prend en compte les impacts positifs et négatifs de l'environnement sur l'entreprise ; la matérialité d'impact (*inside-out*) prend en compte les impacts positifs et négatifs de l'entreprise sur l'environnement économique, social et naturel.

Droit d'attribution : Droit de participer à une augmentation de capital par incorporation de réserves. Il y a un droit d'attribution par action ancienne (avant augmentation) permettant de se faire attribuer gratuitement une ou plusieurs actions nouvelles (selon la parité).

Droit de garde : Commission perçue par les établissements financiers teneur de compte-titres, librement fixée par ces établissements.

Droit de souscription : Droit de participer à une augmentation de capital en numéraire. Il y a un droit de souscription par action ancienne (avant augmentation) permettant de souscrire à une ou plusieurs actions nouvelles (selon la parité).

Droit de vote : Possibilité donnée aux actionnaires de voter lors des assemblées d'actionnaires.

Duration : Durée de vie moyenne des flux d'une obligation (intérêts et remboursement) pondérée par la valeur actualisée de ces flux.

EBE (Excédent brut d'exploitation) : Résultat dégagé par l'entreprise avant les amortissements et les provisions.

EBIT (*Earning Before Interest Tax*) : Résultat de l'entreprise avant charges et produits financiers, éléments exceptionnels et impôt sur les bénéfices.

EBITDA (*Earning Before Interest Taxes, Depreciation and Amortization*) : Résultat de l'entreprise avant frais financiers, amortissements, provisions et éléments exceptionnels.

Échelon (ou pas) de cotation : Variation minimale de cours. Sur Euronext, l'échelon est 0,01 € ou 0,01 % pour les obligations ; 0,01 € pour les *trackers* et compris entre 0,01 € et 0,50 € pour les actions (selon leur valeur nominale).

Émetteur : Agent économique proposant des titres par appel public à l'épargne pour se financer. On distingue l'État, les entreprises industrielles et commerciales et les institutions financières.

Émission : Placement d'un titre sur les marchés par appel public à l'épargne (cf. marché primaire).

Entreprise d'investissement : Société exerçant à titre principal des activités de services d'investissement (négociation, gestion pour compte propre et pour compte de tiers, intermédiation), selon la loi du 4 juillet 1996.

Entreprise de marché : Société commerciale gestionnaire des marchés réglementés d'instruments financiers.

Eonia (*Euro overnight interest average*) : Taux moyen pondéré par les volumes des prêts entre banques européennes à 24 heures ; il est devenu l'€STER – *Euro Short Term Rate*.

Épargne : Part non consommée du revenu disponible.

ESMA (*European Securities and Markets Authority*) : Autorité paneuropéenne de supervision financière.

€STER : EONIA (depuis le 1er janvier 2022).

Établissement de crédit : Personne morale qui effectue à titre de profession habituelle des opérations de banque.

ETFunds (*Exchange Traded Fund*) : cf. *tracker*.

Euribor (*Euro interbank offered rate*) : Taux pratiqué entre les banques commerciales de la zone euro pour des durées comprises entre 1 mois et 12 mois. Le plus connu est l'Euribor 3 mois qui sert également de référence aux emprunts à taux variable.

Euroclear : Dépositaire central de titres (teneur de comptes titres des intermédiaires financiers d'une place financière) d'Euronext et gestionnaire du système de règlement-livraison de titres.

Euronext : Bourse paneuropéenne créée en 2000 regroupant les bourses de Paris, Bruxelles, Amsterdam et Lisbonne.

Euro-PP (*Euro Private Placement*) : instrument de financement pour une entreprise cotée ou non à destination d'investisseurs institutionnels.

FCP à risque : FCP dont 50 % au moins de l'actif sont investis dans des valeurs non cotées sur un marché réglementé ou des parts de SARL.

FCPI (FCP dans l'innovation) : FCP dont 60 % au moins de l'actif sont investis dans des titres de sociétés innovantes ; depuis le 1er janvier 2005, ces fonds peuvent également investir, dans la limite de 20 % de l'actif, dans des entreprises européennes dont la capitalisation est inférieure à 150 millions d'euros.

Feuille de marché : Tableau comportant deux colonnes qui récapitulent les achats et les ventes, valeur par valeur, permettant l'établissement des cours.

FIP (Fonds d'investissement de proximité) : FCP dont la vocation est de favoriser le développement des Pme régionales ; leur actif doit être investi, à hauteur de 60 % minimum, dans des PME qui exercent leur activité principale dans une zone géographique choisie par le fonds.

Fixing : Cotation à heure fixe (inverse de continu).

Flight to quality : Mouvement des capitaux à destination des valeurs les mieux rémunérées.

Flat tax : Prélèvement forfaitaire unique de 30 % instauré en 2018 qui s'applique aux revenus de l'épargne et du capital hors immobilier.

Flottant : Part du capital d'une entreprise cotée répartie dans le public.

Fonds commun de placement : Copropriété, dénuée de la personnalité morale, de valeurs mobilières, divisée en parts et gérée par une société de gestion.

Fonds commun de titrisation : Structure financière ayant pour objet d'accueillir des créances titrisées, c'est-à-dire cédées par un établissement de crédit ou une entreprise, et cotée en bourse (cf. titrisation).

Fonds propres : Ensemble formé par le total du capital et des réserves.

Franchissement de seuil : Dépassement par un actionnaire d'un pourcentage du capital, ou des droits de vote, d'une entreprise. Les différents seuils sont déterminés par l'autorité de tutelle. Les seuils à déclarer aux autorités boursières et aux émetteurs sont : 5, 10, 20, 33, 33, 50, 66 et 95 %.

Future : Contrat à terme.

Garanti : Protégé d'un risque de perte.

Gestion active : gestion consistant à surperformer le marché de référence, ou benchmark, du portefeuille géré.

Gestion alternative : Gestion décorrélée des indices, assise sur des stratégies et outils complexes, donc réservée aux investisseurs avertis.

Gestion assistée : Mode de gestion dans lequel un investisseur se fait assister par un intermédiaire financier dans le cadre de ses investissements en bourse.

Gestion collective : Mode de gestion via un OPCVM.

Gestion déléguée : Mode de gestion dans lequel un investisseur délègue la gestion de son portefeuille à un intermédiaire via un mandat de gestion.

Gestion passive : gestion consistant à répliquer le marché de référence, ou benchmark, du portefeuille géré.

Gestion pour compte de tiers : Fonction d'investissement ou de gestion de capitaux par des intermédiaires financiers.

Gré à gré : Négociation sur un marché non organisé.

***Growth* (gestion)** : Gestion de portefeuille assise sur une sélection de valeurs à forte croissance.

Head and shoulder : Courbe faisant apparaître la tête au centre et les deux épaules de part et d'autre, représentant un signal de baisse lors d'une baisse des échanges ou lorsque les volumes augmentent dans les creux du graphe et inversement.

Hedge fund : Fonds d'investissement spéculatif.

***High Frequency Trading* (Trading à haute fréquence)** : Le HFT est une stratégie de négociation totalement programmée, faisant partie du trading algorithmique, qui consiste en une exécution ultrarapide des ordres (car le temps s'écoulant entre la transmission de l'ordre et son exécution est un facteur indispensable de succès), une fréquence importante de transactions et un solde des positions entre le début et la fin de journée nul ou minimal.

IBO (*Initial Bond Offering*) : Technique, lancée en 2012, permettant aux sociétés non cotées de solliciter les investisseurs institutionnels et particuliers pour placer leurs obligations.

ICO (*Initial Coin Offering*) : appel à un financement public de jetons ou « *token* » auquel participent les investisseurs via les crypto-monnaies.

IFRS (*International Financial and Reporting Standards*) : Ensemble des normes comptables à respecter sur le plan international.

Immobilisation : Élément du patrimoine d'une entreprise. On distingue les immobilisations incorporelles (fonds de commerce, brevet...), corporelles (immeubles, équipements...) et financières (participations). Les immobilisations apparaissent en haut de l'actif du bilan d'une entreprise.

Immunisation : Protection d'un portefeuille d'obligations contre une hausse de taux d'intérêt. Elle consiste à compenser une baisse des cours des obligations par une augmentation des revenus via un réinvestissement des coupons.

Impact investing : Stratégie d'investissement cherchant à concilier le retour sur investissement social/environnemental et le retour sur investissement financier.

In fine : Remboursement en fin de vie pour la totalité d'un emprunt.

Incorporation de réserves : Augmentation de capital par une remontée des réserves (résultats des années antérieures) à la ligne capital.

Indexation : Technique de valorisation suivant un indicateur de référence.

Indice boursier : Moyenne (arithmétique ou géométrique) des cours d'un échantillon de valeurs, avec ou sans pondération (en fonction de la capitalisation boursière ou du flottant). Il peut être généraliste ou sectoriel.

Indiciel : Produit ou technique de gestion basée sur l'évolution d'un indice donné.

Intermédiaire financier : Professionnels auprès de qui un investisseur doit s'adresser pour acheter et vendre des produits financiers.

Internalisateur : Société d'investissement habilitée à exécuter directement les ordres de son client, sans passer par le marché réglementé, en trouvant la contrepartie de l'ordre chez un tiers ou chez lui. On parle d'internalisateur systématique.

Intraday : Opération réalisée au cours d'une même journée boursière.

Introduction en bourse : Première admission d'une entreprise sur le marché boursier (IPO : *Initial Public Offering*).

Investisseur institutionnel : Établissement financier, structurellement excédentaire, plaçant régulièrement des capitaux sur les marchés financiers. On recense les fonds de pension, caisses de retraite, compagnies d'assurances, Opcvm, et la Caisse des Dépôts et Consignations.

Junk bond : Obligation qualifiée de pourrie, à haut rendement, émise par une entreprise présentant un risque d'insolvabilité.

Krach : Effondrement brutal des cours de bourse sur une place financière. Si la baisse importante est continue et prolongée, on parle de krach rampant.

Liquidation (jour de) : Pour les ordres à règlement différé, la liquidation consiste en un règlement des espèces et une livraison des titres en fin de mois boursier (5e séance de bourse avant la fin du mois boursier).

Liquidité : Caractéristique d'un marché sur lequel on peut effectuer des opérations d'achat ou de vente sans provoquer de trop fortes variations de cours.

Listing sponsor : conseiller d'une entreprise lors de son introduction en bourse, notamment en matière d'information financière (rédaction du prospectus d'émission, gestion du process de diligence...).

Livraison contre paiement : Opération de dénouement d'une transaction boursière selon le principe de la simultanéité de la livraison des titres et du règlement des espèces.

Mandat de gestion : Contrat de délégation de gestion de portefeuille signé entre un client et un intermédiaire financier pour la gestion de portefeuille.

Marché à terme : Marché sur lequel le dénouement des transactions s'effectue à une date ultérieure convenue à l'avance.

Marché au comptant : Marché sur lequel le dénouement des transactions s'effectue à la date de valeur de l'exécution des transactions.

Marché des changes : Lieu de confrontation de l'offre et de la demande de devises.

Marché financier : Marché des capitaux à long terme, sur lequel se négocient des valeurs mobilières (actions, obligations...).

Marché monétaire : Marché des capitaux à court et moyen termes. Il est composé du marché interbancaire (exclusivement réservé aux établissements de crédit) et du marché des titres de créances négociables (ouvert à tous).

Marché primaire : Marché des titres proposés pour la première fois par appel public à l'épargne (exemple : introduction en bourse, augmentation de capital, lancement d'emprunt obligataire).

Marché secondaire : Marché sur lequel des titres antérieurement émis s'échangent.

Marchés dérivés : Marchés sur lesquels se négocient des produits dérivés (options et contrats à terme).

Marge brute d'autofinancement : *Cash-flow* / Chiffre d'affaires.

Maturité : Durée restant à courir pour un titre financier.

MTF (*Multilateral trading facility*) : Système informatique de négociation géré par une entreprise d'investissement ou une entreprise de marché permettant l'appariement des ordres d'achat et de vente sur des instruments financiers en vue d'une négociation. En français, on parle de SMN – Système multilatéral de négociation – ; en 2013, on comptait en France 7 systèmes multilatéraux de négociations agréés : Euronext Growth, le Marché libre/Euronext Access et Alternativa qui permettent la négociation des actions, MTS, Nyse BondMatch et Galaxy pour les obligations, PowerNext pour les quotas de CO_2.

Next Economy : Segment de marché d'Euronext dédié aux valeurs de la nouvelle économie, indice de valeurs technologiques d'Euronext.

Next Prime : Segment de marché d'Euronext dédié aux valeurs de l'économie traditionnelle.

Nominal : Valeur théorique ou comptable d'un titre. Pour les obligations, le nominal est la base sur laquelle s'applique le taux d'intérêt pour calculer le revenu de l'obligataire.

Numéraire : Argent (l'apport en numéraire est l'inverse de l'apport en nature).

OAT (Obligation assimilable du Trésor) : Obligation émise par l'État français d'une durée allant de 2 à 50 ans (cf. assimilation).

Obligation : Valeur mobilière représentative d'un emprunt cotée sur les marchés financiers. L'obligation est un titre de créance qui donne droit à un intérêt et un remboursement.

Obligation foncière : Obligation émise par une Société de crédit foncier (rôle exclusif : consentir des prêts garantis par des sûretés immobilières ou des prêts à des personnes morales publiques), sécurisée (car adossée à des prêts spécifiques et émises par des entités de bon *rating*), donnant un droit prioritaire de remboursement pour les détenteurs (avant les salariés et le fisc si défaillance de l'émetteur).

Obligation zéro coupon : Obligation ne délivrant pas de coupon avant son échéance, remboursée à son nominal à l'échéance et émise en dessous du pair.

OBSA (Obligation à bon(s) de souscription d'action(s)) : Obligation assortie d'un ou plusieurs bon(s) de souscription d'action(s) permettant de souscrire à des actions de la société émettrice, ou de sa société-mère, à un prix et dans des conditions fixées dans le contrat.

OCA (Obligation convertible en action(s)) : Obligation dont le contrat d'émission prévoit qu'elle peut être convertie à tout moment ou à des périodes prédéterminées en actions, selon des modalités précisées dans le contrat.

ODD (Objectifs de développement durable) : 17 priorités adoptées par les Nations-Unies en 2015 dans le cadre de l'Agenda 2030 pour un « développement socialement équitable, sûr d'un point de vue environnemental, économiquement prospère, inclusif et prévisible à horizon 2030 ».

Offre à prix ferme : Méthode d'introduction en bourse avec un prix d'émission fixe et définitif. Les ordres sont donnés à ce prix uniquement.

Offre à prix minimum : Méthode d'introduction en bourse avec un prix d'émission minimal. Les ordres sont donnés à cours limité (supérieur au prix minimal) ; le prix définitif est fixé après centralisation de tous les ordres.

Offre à prix ouvert : Méthode d'introduction en bourse avec un prix d'émission fixé dans une fourchette. Les ordres sont donnés à cours limité dans la fourchette ; le prix définitif est fixé après centralisation de tous les ordres.

OPA (Offre publique d'achat/OPE – offre publique d'échange) : Opération par laquelle il est annoncé publiquement aux actionnaires d'une société qu'une personne physique ou morale est disposée à acquérir les actions qu'ils détiennent à un prix donné ou en échange de titres.

OPCVM (Organisme de placement collectif en valeurs mobilières) : Véhicule permettant la collecte de l'épargne et l'investissement de ladite épargne dans des valeurs mobilières ou des titres du marché monétaire selon des critères préétablis dans ses statuts.

OPR (Offre publique de retrait) : Opération permettant, dans une société dont les actions sont négociées sur un marché réglementé, le retrait des actionnaires minoritaires lorsqu'un ou plusieurs actionnaires détiennent plus de 90 % (comme le stipule la loi PACTE, et non plus 95 %) des droits de vote.

OPRA (Offre publique de rachat d'actions) : Opération permettant à l'entreprise de racheter ses propres actions pour soutenir les cours ou alimenter son autocontrôle (limité à 10 % du capital).

Option : Droit d'acheter ou de vendre une quantité donnée d'un produit sous-jacent à un prix fixé à l'avance, à une échéance donnée (option à l'européenne) ou à tout moment jusqu'à une échéance donnée (option à l'américaine). Le droit, et non l'obligation, appartient à l'acheteur de l'option (d'achat ou de vente) ; par contre, le vendeur de la même option est obligatoirement tenu de respecter le choix de l'acheteur.

ORA (Obligation remboursable en action(s)) : Obligation remboursée par la remise d'actions à des conditions déterminées lors de l'émission des obligations.

Organisé : Se dit d'un marché qui fonctionne de façon réglementée et standardisé.

OST (Opération sur titre) : Opération amenant le changement d'une caractéristique d'un titre, voulue par l'émetteur ou le législateur.

Overnight : À 24 heures, synonyme de jour le jour.

Pacte d'actionnaire : Action engagée par les associés pour organiser le pouvoir dans une entreprise et stabiliser le capital.

Pair : Valeur nominale d'une obligation, qui sert au calcul de l'intérêt.

Parité : Nombre de titres auxquels donne droit la souscription/attribution/conversion selon le type d'opération.

PCF (*Price Cash-flow*) : Cours de bourse / Marge brute d'autofinancement.

PEA (Plan d'épargne en actions) : Produit d'épargne permettant de gérer un portefeuille d'actions en franchise fiscale.

PEE (Plan d'épargne entreprise) : Support d'épargne ouvert par une entreprise pour ses salariés afin de les aider à la constitution d'un portefeuille.

PER (*Price earning ratio*) : Rapport cours/Bénéfice. C'est également un multiple de la capitalisation.

Personne morale : Société ou association dotée d'une personnalité juridique différente de celle de ses membres.

Personne physique : Personne considérée en tant qu'individu.

Pied de coupon : Coupon couru déduit. Les obligations cotent au pied de coupon, il convient de rajouter le coupon couru pour connaître le prix total d'achat de l'obligation. (cf. coupon couru).

Pilule empoisonnée (*poison pill*) : Instrument de défense contre les offres publiques.

Placement privé : on parle de cette technique pour une cotation d'actions lorsque le placement s'effectue auprès d'un cercle d'investisseurs professionnels ou qualifiés.

Plus-value : Gain en capital, l'inverse est une moins-value.

Pool : Groupement. On parle de pool ou de syndicat bancaire.

Porteur : Détenteur d'un titre (cf. titre au porteur).

Prime d'émission : Différence entre le pair d'une obligation et son prix d'émission. Elle est positive si l'émission se fait au-dessous du pair et négative dans le cas inverse.

Prime de remboursement : Différence entre le pair d'une obligation et son prix de remboursement.

Prime de risque : Surcroît de rentabilité demandé par les investisseurs pour les actifs risqués. Différence de taux de rémunération dudit actif et du taux sans risque.

Principal : Capital emprunté.

Procyclique : Se dit d'une valeur dont le cours est fortement soumis aux fluctuations économiques.

Produit dérivé : Terme générique regroupant tous les produits dont la valeur dépend d'un sous-jacent.

Produit structuré : Association d'un produit classique (appelé le support) et d'instruments financiers (dérivés ou non) portant sur un ou plusieurs sous-jacents pour proposer un instrument unique et sur-mesure, présentant une maturité, un profil de risque et un rendement spécifiques. Ces instruments sont négociables de gré à gré sur le marché interbancaire.

Profit warning : Annonce d'une dégradation des résultats d'une entreprise cotée.

Put : Option de vente.

Radiation : Retrait de la cotation d'une valeur requis par l'entreprise de marché.

***Rating* (ou notation)** : Évaluation des titres émis sur le marché en fonction des capacités de l'émetteur à faire face à ses engagements (paiement des coupons, remboursement des titres...).

Ratio d'endettement : Dettes à moyen et long termes / Fonds propres.

Règlement-livraison : Opération de dénouement d'une négociation boursière se traduisant par la livraison des titres et le règlement des espèces.

Remboursement anticipé : Amortissement d'un emprunt avant la date d'échéance.

Rendement : Rapport entre le revenu d'un instrument financier et sa valeur.

Rendement actuariel : Rendement réel d'une obligation calculé en actualisant les flux à venir et basé sur le réinvestissement des coupons.

Rendement net : Dividende net par action / Cours de bourse.

Réservation : Suspension des cotations lorsqu'il y déséquilibre entre l'offre et la demande.

Retournement : Inversion d'une tendance boursière.

Révocation : Suppression d'un pouvoir ou d'un ordre. Un ordre révoqué est considéré comme annulé.

Road-show : Présentation publique réalisée devant des investisseurs pour promouvoir une opération d'appel public à l'épargne.

RoE (*Return on Equities*) : Résultat net / Fonds propres.

Routage : Transmission des ordres.

Screening : Approche de sélection de titres utilisée pour les choix d'investissement des fonds ISR. Le *screening* négatif consiste en une exclusion de certains secteurs d'activité ou d'entreprises implantées dans certains pays (armement, nucléaire, tabac...). Le *screening* positif consiste à détecter une (ou plusieurs) entreprise(s) par secteur répondant le mieux aux critères préétablis.

Séance : Période quotidienne d'ouverture des marchés.

Sensibilité : Réaction d'une valeur à la variation d'un paramètre.

Service de la dette : Paiement des intérêts et remboursement de l'emprunt.

Sicav (Société d'investissement à capital variable) : Société anonyme ayant pour vocation d'investir dans des valeurs mobilières ou des titres du marché monétaire.

Small cap : Petite capitalisation.

Société de gestion : Intermédiaire financier chargé de la gestion financière, administrative et comptable de produits gérés pour le compte de tiers.

Soulte : Somme versée à titre de compensation ou à titre résiduel.

Souscription : Acquisition d'un titre lors de sa mise sur le marché (lors d'une introduction en bourse ou lors d'une augmentation de capital en numéraire).

Sous-jacent : Actif servant de support à un produit dérivé.

Spéculation : Prise de position risquée en vue de réaliser un gain important en capital.

Split : Division du nominal.

Spot : Marché au comptant.

***Spread* (de taux)** : Écart de rendement d'une dette par rapport au taux de référence. Écart entre un cours acheteur et un cours vendeur.

Squeeze out : Retrait obligatoire réclamé par un actionnaire détenant plus de 95 % des droits de vote d'une entreprise.

SRD (Service à règlement différé) : Prestation spécifique permettant de différer le dénouement d'une opération en fin de mois boursier.

Stakeholders : Parties prenantes d'une entreprise telle que les clients, les fournisseurs ou les salariés.

Stock picking : Sélection de titres pour la composition d'un portefeuille sur des critères intrinsèques des sociétés. Cette technique est l'inverse de la gestion indicielle.

Strike : Prix d'exercice d'une option.

Suspens : Opération de règlement-livraison non dénouée pour cause de défaut de provision (titres ou espèces).

SVT : Les spécialistes en valeurs du Trésor sont des intermédiaires habilités comme tels par le Trésor pour animer le marché de ses valeurs (obligations et bons du Trésor). Ils doivent afficher en permanence des prix à l'achat et la vente sur ces valeurs et s'engager sur des volumes. Leur rôle est donc d'assumer le marché secondaire des titres.

Taux actuariel : Taux d'intérêt calculé en mettant en rapport tous les flux d'un emprunt (prêt) avec le capital dû (avancé).

Taux courant : Taux d'intérêt actuellement pratiqué sur un marché.

Taux court : Taux pratiqué sur des opérations à court terme (jusqu'à un an).

Taux d'intérêt : Pourcentage d'une somme empruntée qu'un débiteur demande à son créancier en compensation du prêt d'argent.

Taux de change : Prix d'une devise exprimé en une autre devise.

Taux de distribution : Dividende par action / BNPA.

Taux de l'argent au jour le jour : Taux pratiqué sur les opérations interbancaires sur une durée de 24 heures.

Taux directeur : Taux pratiqué par les banques centrales dans le cadre de leur politique monétaire.

Taux facial : Taux nominal.

Taux long : Taux des opérations à long terme ; la principale référence est le taux des emprunts d'États à 10 ans.

Taux nominal : Taux servant au calcul des intérêts dus à l'obligataire.

Titre au porteur : Titre inscrit sur un compte-titres ouvert auprès d'un intermédiaire habilité (le porteur n'est pas connu de l'émetteur).

Titre au porteur identifiable : Titre circulant sous la forme porteur, mais l'émetteur ayant opté pour cette forme, peut demander à connaître ses détenteurs.

Titre de créance négociable : Titre émis au gré de l'émetteur, négociable sur un marché réglementé ou de gré à gré, représentant un droit de créance pour une durée déterminée.

Titre nominatif : Titre inscrit pour lequel le porteur est connu de l'émetteur. On parle de nominatif pur pour une inscription chez l'émetteur et de nominatif administré pour une inscription chez un intermédiaire.

Titre subordonné : Obligation avec priorité de paiement sur le capital ou sur les intérêts (ou les deux), assortie d'une clause de subordination des intérêts aux dividendes (les intérêts peuvent être reportés ou annulés lorsque les dividendes dus aux actionnaires n'ont pas été versés). Le titre subordonné est un titre de créance de dernier rang. On dénombre 3 types de titres : les titres subordonnés remboursables, les titres subordonnés à durée indéterminée et les titres super-subordonnés.

Titrisation : Cession de créances par une entreprise ou une banque pour les loger dans un fonds commun de titrisation.

Tracker : Fonds indiciel coté en Bourse qui permet de bénéficier de toute la performance d'un indice.

Tracking Error : Risque de déviation. Quand il tend vers 0, il n'y a pas de différence significative avec l'indice de référence.

Transaction : Échange.

Trésor : « Bras droit » de l'État, émetteur sur les marchés de capitaux.

UTP – *Universal Trading Platform* : système de négociation de Nyse Euronext pour l'ensemble des marchés au comptant et marchés dérivés. En juillet 2018, la plateforme UTP a migré au profit d'Optik (offrant un temps de réponse de 15 microsecondes).

Valeur ajoutée : Richesse créée par l'entreprise au cours d'un exercice (différence entre production et consommation intermédiaire).

Valeur liquidative : Prix d'une part d'OPCVM (Total Actifs net / Nombre de parts).

Valeur mobilière : Ensemble de titres émis par des personnes morales publiques ou privées, transmissibles par inscription en compte ou tradition, qui confèrent des droits identiques par catégorie et donnent accès, directement ou indirectement, à une quotité du capital de la personne morale émettrice ou à un droit de créance général sur son patrimoine. Tous droits détachés d'une valeur mobilière et négociables sont eux-mêmes assimilés à une valeur mobilière.

Valeur nominale : Valeur comptable d'un titre (part d'emprunt initial de la société émettrice pour une obligation, fraction du capital social pour une action).

***Value* (gestion)** : Gestion de portefeuille consistant en une sélection de valeurs sous-évaluées eu égard à leur valeur intrinsèque.

Volatilité : Mesure de la dispersion des cours.

FSC
www.fsc.org
MIXTE
Papier | Pour une gestion forestière responsable
FSC® C022829

IMPRIM'VERT®

Imprimé en France par La Nouvelle Imprimerie Laballery, 58500 Clamecy

Ce produit est composé de matériaux issus de forêts bien gérées certifiées FSC® et d'autres sources contrôlées.

Imprimeur certifié

Achevé d'imprimer en novembre 2023
Numéro d'impression : 310150
Dépôt légal : novembre 2023